平凡社新書
929

コンビニ おいしい進化史

売れるトレンドのつくり方

吉岡秀子
YOSHIOKA HIDEKO

HEIBONSHA

コンビニ　おいしい進化史●目次

はじめに――コンビニのおいしい変遷……7

第1章 コンビニおにぎりは、どう進化した?……17

コンビニおにぎり(1978年〜)……18
年代別 おにぎりの大進化史/具の入れ方の革命/味と素材にこだわるローソン(おにぎり屋・2002年)/名人技を再現したセブン(おにぎり革命・2003年)/手作りの味を目指すファミマ(愛情むすび・2004年)/おにぎりにも「個人の価値観」/健康志向のもち麦ブーム

第2章 セブン-イレブン……33

シャキシャキレタスサンド(2005年)……34
鮮度革命/「ふわふわ」の悩み/おつまみ&夜食需要
レンジ麺(2006年)……45
麺部会の苦悩/製麺スペシャリストの育成/のびないうどん作りへの挑戦
セブンプレミアム(2007年)……58
PB開発へのビッグデータ/高くても、買ってもらう/「おかづまみ」戦略/未来のセブンプレミアム

セブンカフェ（2013年）……74
日本人の舌に合うコーヒーを／マシンに職人技を求めて
【コラム】ヘルシー列伝　セブンの「カラダへの想いこの手から」……86

第3章　ローソン……89
からあげクン（1986年）……90
おやじから、妖精へ／コンビニのスーパー化
おにぎり屋（2002年）……102
目指すは、おふくろの味／異色・悪魔のおにぎりのヒット
プレミアムロールケーキ（2009年）……113
極上の生クリーム作り／SNSが火をつけた！／ゴディバにもコスパを求める消費者／謎のスイーツ大ヒットのワケ
ブランパン（2012年）……131
健康志向VSおいしさ／青汁にはしたくない

第4章　ファミリーマート……145

中華まん（平成初旬〜）……146
いちごみるくにスライム……／話題性から、本場の味へ／20億円かけて、生地革命！

ファミチキ（2006年〜）……158
レシピは13年間不変／骨なし&秘伝のタレへのこだわり

ファミマカフェフラッペ（2014年）……169
かき氷をコーヒーに入れてみた／ヒントはねじ？／ライバルはスターバックスだけじゃない

ファミマの焼きとり（2017年）……180
新橋の焼きとり屋で発案／一本一本、串に手刺し／「継ぎ足し」タレ風味に

最終章　ミライのコンビニ「食」……193

次世代コンビニ、開花間近……202

半世紀のヒット商品スペシャル年表……205

参考文献……213

はじめに――コンビニのおいしい変遷

本書の執筆は、見知らぬ20代の女性編集者から届いた一通のメールから始まった。「コンビニのおいしい変遷、おにぎりとか、スイーツとか。みんなが知っているヒット商品の移り変わりみたいなものをまとめられませんか?」

生まれた時から周りにコンビニがわんさかあった〝コンビニネイティブ世代〟は、いったい何をおいしいと思い、何に魅力を感じて近所の店を利用してきたのだろう。そんな興味が湧き上がり、「やってみます」と即答した。

コンビニは、変化対応業。1970年代の高度成長期、視察先のアメリカで見かけたコンビニエンスストアに商機を感じたのは、現セブン&アイ・ホールディングス名誉顧問の鈴木敏文だ。大型スーパーの台頭で苦境に陥った個人商店が近代化すれば、大型店と共存共栄していける。そう考え、アメリカ発のセブン－イレブン（以下セブン）を日本人に合った独自のビジネスモデルへと、ひとつひとつ作り上げてきた話はあまりに有名だ。

経済成長で日本人が日夜多忙になれば、外で気軽に食べられるおにぎりや弁当、おでんなどが求められると読み、オリジナル商品の開発に乗り出した姿勢が、「消費者ニーズに応える店」として成長してきたコンビニの原点だと思う。

卵が先か、にわとりが先か――コンビニのヒット商品を見れば、その時代の日本人のライフスタイルや消費者ニーズがわかる。取材を通して見えてきたこの持論を、これからまとめていきたい。

本書では、コンビニの「食」が急速に変化した平成時代を中心に振り返る。昭和の黎明期を経て成長、成熟したコンビニは、平成の30年余りの間で劇的に進化した。令和に入った今は、またそのモデルが大きく変わろうとしていることも、最終章でふれよう。

まず、コンビニの成長過程と当時のヒット商品を洗い出した。そして第2ステージとして、セブン・ファミリーマート（以下ファミマ）・ローソン、各々のヒット商品の進化を探った。なぜ、この商品は生まれたのか？　どんなねらいで開発されたのか？　できる限り担当者に会い、開発背景の証言をもらうスタイルを通した。

マニュアルづくしのイメージが強いコンビニだが、ヒットを生み出す裏には、消費者ニーズに応えようと奮闘する「人」がいる。ヒューマンドラマに満ちた業界の素顔を記録したいと取材に走った。この思いが、少しでも読者に伝われば幸いだ。


コンビニ大手3社のオープンは、ほぼ同時期。セブン1号店は74年（東京・豊洲）、ローソンは75年（大阪・豊中市）、ファミマは73年に埼玉県狭山市に実験1号店をオープンさせている。ちなみにその他、北海道の現セイコーマートや山崎製パン傘下のデイリーヤマザキなども70年代にスタート。70年代に生まれ、80年代にバブル景気の波に乗ったコンビニの勢いの凄まじさは、想像に難くないだろう。驚く速さで店舗数を増やしていく。

平成に入った当初の90年、セブンだけでも4000店舗を超えるチェーンネットワークを構築していた。それが今、業界全体で6万店に手が届く。このパワーだ。あちこちで見かけるようになったコンビニの「食」に、消費者がなじんでいくのは当然だった。巻末の各社の「半世紀のヒット商品スペシャル年表」も参考にしながら、商品の進化をたどってみたい。

●80年代（昭和後半〜平成はじめ）食の簡便化

コンビニ黎明期に登場したおにぎりや弁当などが定着、「外で食を買う」ということがフツーになったこのころは、コンビニの真骨頂「便利」さが支持された。代表的なヒット商品は、セブンのブリトー（83年）、ローソンの「からあげクン」（86年）など、手軽に食べられるもの。その他、缶切のいらない缶詰「プルトップ缶」の商品を、初めてセブンが販売を開始した（81年）。

【世の中のトレンド】伊藤園「お〜いお茶」ブランド発売。三共の栄養ドリンク剤「リゲイン」CMが話題（ともに89年・平成元年）

●90年代　本格志向へシフト

これまで常温棚にあった調理パン（サンドイッチなど）がチルド（冷蔵）売り場で販売され、フレッシュな具材が使えるようになり、おいしさがアップした。またセブンは「アイスクリームもデザートだ」との新しい発想で、昔ながらのアイスケースを大型のものに変更（94年）。現在の「冬アイス＝冬のスイーツ」のルーツはここだといっていい。同年、ファミマはファストフード用の新保温什器「ホッターズ」をレジ横に導入開始。冷たいデザート、温かいおやつの拡充などで、若者や働く男性の集客に成功した。

【世の中のトレンド】 日本ケンタッキーフライドチキン、ピザハット事業スタート（91年）、スターバックスコーヒー、銀座にオープン（96年）、「クックパッド」スタート（98年）

●2000年代　差別化商品の台頭

米飯、麺類、ベーカリー、ファストフードなど、主食や小腹対策のオリジナル「食」が出そろい、どのチェーンも売り場のスタイルはほぼ確立してきた。となれば、油断禁物。ほかとの同質化は避けなければならない。

ロイヤルカスタマー（リピーター）を獲得するために「このチェーンでしか買えない名品」を続々と開発。コンビニ限定商品にわくわくする消費者が多く見られるようになった。代表作はセブンのオリジナルカップラーメン「有名店ラーメンシリーズ」（00年）、セブンプレミアム（07年）、ローソンの「おにぎり屋」（02年）、ウチカフェスイーツ「プレミアムロールケーキ」（09年）、ファミマの「ファミチキ」（06年）など、今でもファンに愛され続けるヒット商品が多い。

【世の中のトレンド】 キリンの缶チューハイ「氷結果汁」発売（01年）、花王、トクホ「ヘルシア緑茶」で緑茶マーケットへ参入（02年）、ビール大手4社の「第3のビール」出そろう（05年・03年の酒税法改正に伴い発泡酒の税率がアップしたことによる）、『ミシュランガイド東京2008』刊行（欧米以外初）など。

●2010年代（平成〜令和はじめ）　中食《なかしょく》・健康メニューの増加

08年から始まったメタボ健診や、10年代初頭にブームになった「糖質制限ダイエット」などの影響で、コンビニメニューも「健康」をより意識するようになっていった。さらに全国で15歳未満の子どもより75歳以上の高齢者の人口が多くなり、深刻な少子高齢社会に突入（国勢調査・2015年）。

世の中で健康寿命を延ばす「食」がますます重視されていく中、コンビニメニューも野菜の使用量を増やしたり、既存品を糖質オフへ転換したりと、商品のヘルシー化に注力した。

また、この時代の大きな変革期として２０１１年を忘れてはならない。3月11日に起きた東日本大震災の直後、店を開け続けたコンビニが多かったことから「頼りになる」と、コンビニの新規顧客として女性やシニアが急増。

買ってすぐ食べるおやつ需要だけでなく「今夜のおかず何にしよう？」と、ふだんの食事時に利用される惣菜類の人気が高まっていった。すでに販売していた「セブンプレミアム」を筆頭に、ローソンの「ローソンセレクト」、ファミマの「ファミリーマートコレクション」「お母さん食堂」など、多くのオリジナル惣菜シリーズを持つブランドの認知度がアップしたのが震災後だ。

【世の中のトレンド】レシピ本『体脂肪計タニタの社員食堂：５００ｋｃａｌのまんぷく定食』がヒット、食べるラー油ブーム、ハイボール人気（10年）、塩麴《しおこうじ》ブーム、パンケーキブーム（11年）、セブンカフェの登場でコンビニカウンターコーヒー市場が急速に拡大（13年）など。

もちろん、掘り下げれば掘り下げるほど、まだたくさんの「ヒット商品」が出てくる。

だが、コンビニの食の歴史を俯瞰すると、その変化は「冷蔵庫」から「食卓」へ——というキーワードに集約されると思う。

70年代の黎明期、「開いててよかった」と、時間の利便性が持てはやされた時代の売れ筋は、ドリンクやタバコだった。それが時を経た平成の終わりに大きく方向転換した。

少子高齢化や女性の社会進出の伸長、単身世帯の増加といった社会環境の変化は、食ニーズをも大きく変化させ、外で買ってうちで食べる「中食」が10兆円マーケットへと成長している。そのトレンドと歩を同じくして、コンビニの食も「食卓」に並ぶものを開発、めきめきと売れ始めたというわけだ。

昔は必要な物だけ「緊急買い」していた場所なのに、いつの間にか入り口に買い物かごが置かれ、献立を考えながら歩く主婦やシニアの姿が目立つようになったことに、気づかないだろうか。セブンが09年から唱えた店のキャッチフレーズ「近くて便利」は、いつの間にか、業態の特徴を言いあてた言葉になった。

一方、流通勢力図の変遷に目を移すと、平成時代はアマゾンはじめ、E-コマースの台頭が著しい時代だった。

平成終わりに「アマゾンエフェクト」（アマゾン・ドット・コムのイノベーションにより伝

統的な小売業など、さまざまなマーケットで混乱が起きること）なる言葉を流通界の経営トップがよく口にし、警戒を強めていたが、実際はどうだろう？　高齢者の自動車免許自主返納者数が増えている昨今、インターネット操作に不慣れな高齢者たちにとって「近くて便利」なコンビニが、生活の命綱になっているケースは多い。さまざまなイノベーションに順応しながら、商売の原点〝人と人とのふれあい〟を強みに据え、コンビニは令和時代も踏ん張っているのだ。

こうして進化してきたコンビニの「食」。もうおいしくて当たり前だ。ハイクオリティーになったメニューに、消費者は何を求めているのだろう？　そんな「今」を思いながら、これからページをめくってみてほしい。あの時、あの商品のどこに惹かれ、なぜ手を伸ばしたのか。いや、なぜ、今も食べ続けているのか。時に自問してみると、日本人の暮らしに寄りそってきたコンビニの「おいしい軌跡」が、ふわっと見えてくるのではないだろうか。

＊登場人物の肩書は取材時（19年4月〜8月）のまま、敬称略とした
＊商品の価格はすべて税込み価格で表記
＊セブン‐イレブンの商品表記は「麺」の字で統一

第1章　コンビニおにぎりは、どう進化した?

30秒に1回のペースで流れてくる釜をあけ、炊き上がったご飯を手早くほぐしていく（写真提供・セブン‐イレブン）

コンビニおにぎり（1978年〜）

米・海苔・具。たったこれだけで構成されているメニューなのに、なぜこんなにも多くの人が惹かれてしまうのだろう――。パリパリした海苔をごはんとは別のフィルムに包み、「食べる前に巻く」という（当時は）画期的な「手巻おにぎり」は、不動の売れ筋王だ。1978年に、セブンが販売を開始した。ここから〝コンビニおにぎり〟の歴史が始まった。

わざわざ〝〟をつけて書いたのは、フツーのおにぎりとコンビニおにぎりとは、別ものだと思うからだ。

昔からおにぎりは、米文化の日本人にとってのソウルフード。生活に密着した「食」のため、「うちのはタワラ形だ」「お母さんは丸く握る」「海苔は味つきじゃないといやだ」など、ひとりひとりに強いこだわりがある。そうした暮らしに根づく食文化や習慣をリスペクトしつつ、コンビニおにぎりは時代のトレンドをギュッと詰めて進化してきた。風味

表1　コンビニおにぎりの歴史

Ⓢセブン-イレブン　Ⓛローソン　Ⓕファミリーマート

年	出来事
1978年	Ⓢ「手巻おにぎり」販売開始
1980年	Ⓛ「手巻おにぎり」販売開始
1983年	Ⓢ「手巻おにぎり シーチキンマヨネーズ」発売
1984年	Ⓢ「パラシュート型包材おにぎり」発売 Ⓕ「元祖おにぎり忍法帳」発売
1988年	Ⓛ「特選おにぎり」発売
1993年	Ⓛ「100円特選おにぎり」発売
1995年	ⓈⓁ「直巻おむすび」販売開始
1996年	Ⓢ「赤飯おこわおむすび」販売開始
1999年	Ⓛ「ばくだんおにぎり」発売
2001年	Ⓢ「こだわりおむすび」発売
2002年	Ⓛ「おにぎり屋」開店
2003年	Ⓢ大刷新「おにぎり革命」
2004年	Ⓕ「愛情むすび」発売
2006年	Ⓢ低圧で精米する新・精米方式を採用
2007年	Ⓢ米の握り方にシート成型を導入
2008年	Ⓕ「発芽玄米のおむすび」発売
2010年	Ⓢ大刷新「おにぎり維新」 Ⓛ〝贅沢新潟コシヒカリ〟シリーズ発売 Ⓕツイッターで「みんなで作るおむすび選手権」を実施 Ⓕ金芽米おむすび発売
2011年	ⓈこだわりむすびでHOT成型を採用 Ⓕフェイスブックで「みんなで作るおむすび選手権」を実施
2012年	Ⓢ手巻おにぎりを振り塩製法へ Ⓛ「郷土（ふるさと）のうまい！」シリーズ発売 Ⓛ「もち麦入りおにぎり」発売
2014年	Ⓢ「金のおむすび」発売 Ⓛ新潟コシヒカリシリーズ「金目鯛」「豚トロ」おにぎり発売
2017年	Ⓛ「おにぎり屋」大刷新 Ⓕスーパー大麦入りおむすびシリーズ発売
2018年	Ⓢ「カラダへの想いこの手から」シリーズ「もち麦もっちり！梅こんぶおむすび」ほか発売 Ⓢ「小さな五穀ごはんおむすび 明太クリームチーズ」ほか発売 Ⓛ「悪魔のおにぎり」発売 Ⓛ「ご当地もんにぎり」シリーズ登場 Ⓕ「男飯」シリーズ発売
2019年	Ⓢ「もち麦もっちり！焼き肉ビビンバおむすび」発売 Ⓢ大きなおむすび発売 Ⓛ「金しゃりおにぎり」発売 Ⓕ「めしのトモ」シリーズ発売 Ⓕスーパー大麦入りおむすび累計販売500万個突破

のよい海苔、ふっくらとしたごはん、ツナマヨネーズを筆頭にしたアイデア具、いくらや焼さけハラミなどの高級具、最近はもち麦入りなど健康米を使ったヘルシー系も定着している。コンビニおにぎりは、もう家庭で作り出せる味じゃない。

セブン・ファミマ・ローソンそれぞれに個性があるため、ひとくくりにはできないのだが、まず、大まかに「おにぎり変遷」をまとめてみた（表1）。各社、開発に力を注ぎ、着々と味も品質もレベルアップしてきたことを感じてほしい。年代別の主な進化は次のとおりだ。

年代別　おにぎりの大進化史

①70年代後半〜80年代【黎明期】

シーチキンマヨネーズの大ヒットで弾みをつけ、手巻おにぎりが市民権を獲得。

↓

②90年代【成長期】

海苔をごはんに直接巻く「直巻おにぎり」やおこわ、

発売当初のオリジナルおにぎり。中央→右→左と3段階で開封した（1970年代後半、セブン-イレブン）

混ぜごはんなど、おにぎりの種類が拡大。

↓

③２０００年代【激動期】

「高級化」「本格化」の波が到来。米や海苔の産地にこだわり、具に趣向を凝らすなど、

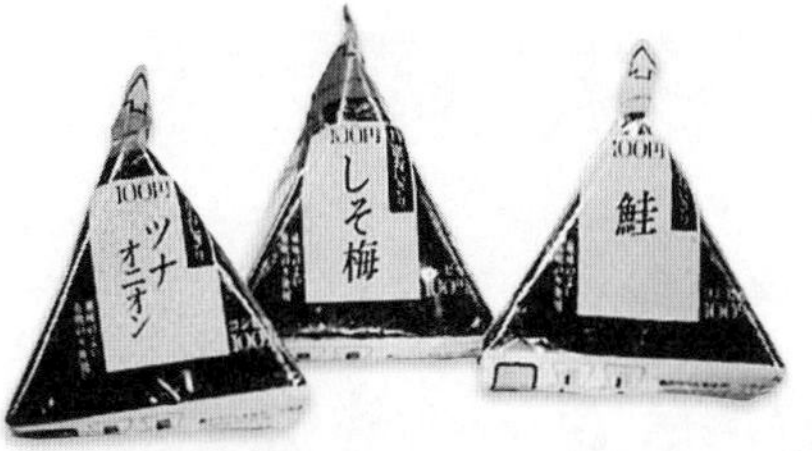

パラシュート型おにぎり。上からフィルムを引き抜き、海苔と一体化させる（1993年、ローソン）

炊飯から「せいろで蒸す」という手間をかけた調理法にし、もちもちした食感を実現した「赤飯おこわ」（1990年代、セブン-イレブン）

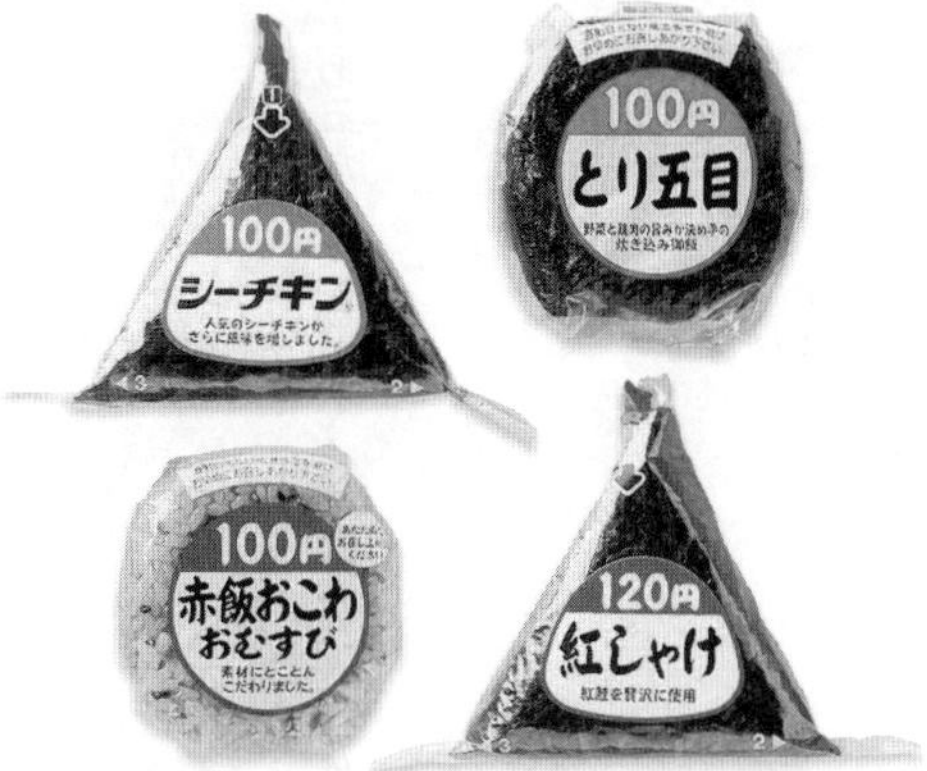

値下げ競争の時代に、コンビニおにぎりは品質を変えずお求めやすい価格で勝負した（2000年代、セブン-イレブン）

ブランディングすることでファンを獲得し続けているローソンの「おにぎり屋」

17年に発売した「スーパー大麦」シリーズは、サイドメニューと組み合わせしやすいサイズ。ファミリーマートの人気シリーズに

各チェーンが開発力を競うおにぎり商戦が激化。

↓

④２０１０年代～【成熟期】

コンビニ食の定番として定着、さらなるトレンドを創造する新ステージへ。セブンのもち麦シリーズやローソンのもち麦入りおにぎり、ファミマのスーパー大麦シリーズなど、健康米おむすびが新興勢力として成長中。

④を「成熟期」ではなく「新生期」と表現しようかと迷った。三角おにぎりの海苔とごはんの間のフィルムを引っ張ったり（パラシュート型包材）、フィルムのセンターを切り離して開封したりする昭和～平成初期の商品を知っている世代にしてみれば、現在、売り場に並ぶ、シンプルな包材のおにぎりたちは、「生まれ変わった」といっていいほどのクオリティーだ。

特にセブンは、当初からベンダー（製造工場）や包材メーカー、原材料メーカー等と開発チームを組み、米飯専用工場を設けておにぎりのおいしさを追求している。その担当者たちがよく言っていた。「我々が目指す味は、お母さんが握ったようなおにぎりです」と。

それがどうだろう。今では「うちで作るよりおいしい」と、好んでコンビニに立ち寄る老若男女が少なくない。
おにぎり作りの要、「具」の入れ方の変遷を押さえておくと、納得がいくだろう。

具の入れ方の革命

①70年代　具をごはんの上にのせるだけ
←
②80年代　機械でごはんに小さなくぼみをつくり、具をのせる
←
③90年代　成型した三角おにぎりの「辺」に沿って、三角形の穴をあけ、具を詰める（①②よりたくさん具を入れられる）。その後、さらに米粒の間に空気の隙間をいれ、ふっくら感をアップ。
←
④2000年代　具を上下からごはんでサンドする（大きな具を入れられるため、業界の定番になった）

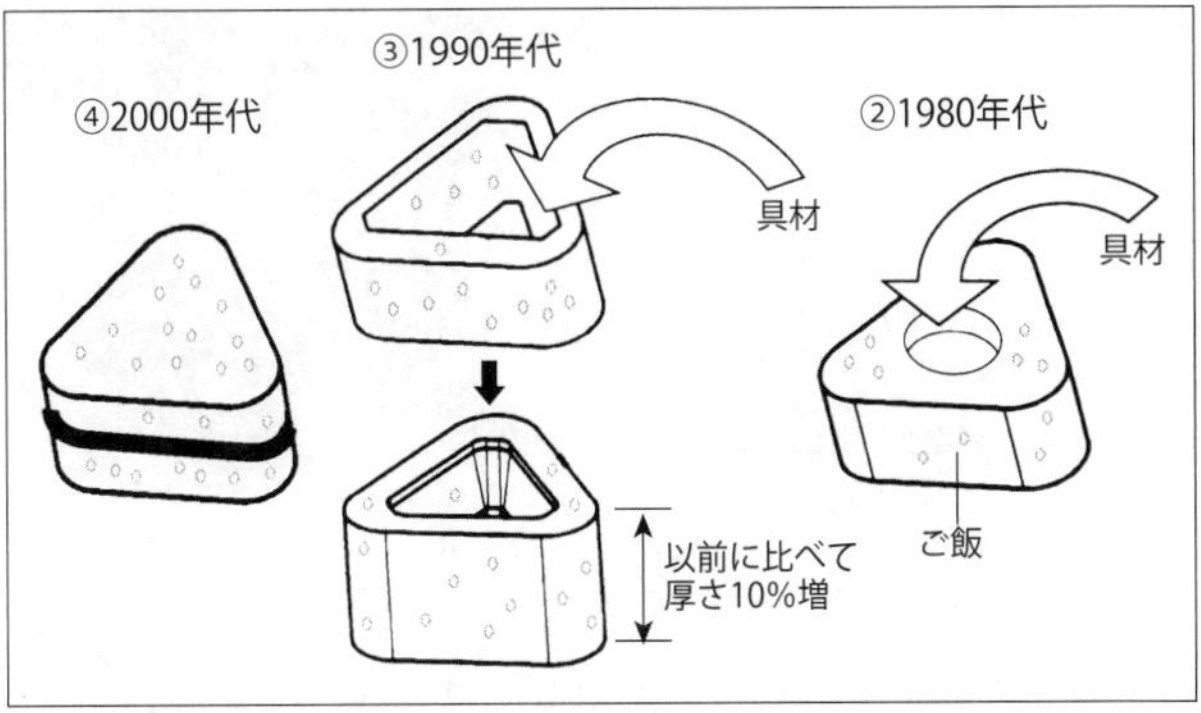

コンビニおにぎり「握り方」の変遷（一例）

←
⑤2000年半ば〜2010年代　ふわっと握ったごはんの中央に機械でぐりぐりと穴をあけ、具が真ん中にくるように入れる（人が作るスタイルを再現）

ごはんの握り方も、かなり変化してきた。昔は機械でごはんを押しておにぎりを作っていたが、技術の進歩でごはんを家庭のにぎり方に。セブン商品本部のおにぎり担当者は「ごはんの粒と粒の間の空気量を計測し、ふっくら感を出すよう、ごはんを握るマシンの構造を入念にチェックしている」という。細かなこだわりが、おいしさにつながるのだ。

こうした流れを頭に入れておいて、各社に目を移

価格より価値を追求したセブンのこだわりおむすび

そう。平成の時代、飛躍的に「おいしくなった！」と、ファンを喜ばせたエポックがある。

味と素材にこだわるローソン（おにぎり屋・2002年）

コンビニおにぎりを初めてブランディング。新潟コシヒカリ米、瀬戸備前にがり塩、海苔、大きな切り身の具にこだわって大リニューアルした点が、ユーザーから大きな支持を集めた。何よりも、その名が脈々と残っていることを特筆すべきだと思う。詳しくは前掲の表1をご覧いただきたい。

名人技を再現したセブン（おにぎり革命・2003年）

価格破壊の嵐が吹き荒れる2001年に、「価格より価値」を前面に押し出し発売してヒットした高価格帯（160円〜）の「こだわりおむすび」。そこから続く2003年のおにぎりの大改革だ。

当時ブームになっていたおにぎり専門店の「名人」の握り方を徹底研究し、プレス式ではなく、くるくる丸めてごはんを包む新マシンを開発。また、握ったあとから塩をふりかけるといった「人が握る手順」を忠実に再現したおにぎりシリーズだ。役員試食会で現セブン＆アイ・ホールディングスの鈴木敏文名誉顧問が「これはおにぎりの革命だ」と、高い出来栄えに唸ったことから、こう命名されたという伝説が残っている。

手作りの味を目指すファミマ（愛情むすび・2004年）

おにぎりは人と人との心を結ぶもの、という考え方より2004年に発売した愛情むすびから、「おむすび」と呼んでいるファミマ。時流に乗って、手作りに近いふっくら製法を開発・実現。海苔は有明海産を使用し、塩は握ったあとから振るこだわり。際立ったのは、「愛情むすび」を5つのグループに分けた販売戦略だ。①手巻タイプ＝「ふっくら振り塩仕立て」②直巻タイプ＝「しっとり海苔仕立て」③炊き込み・混ぜ込み＝「あじわい仕立て」④具が大きめ＝「B・i具おむすび」⑤高品質・高付加価値＝「逸品おむすび」。価格も品質のグレードも多様化してきた。

そうした大幅なリニューアルが、バブルがはじけてほぼ10年後に行われたのがおもしろい。不況で節約志向が高まっていても、一度は浮かれた世の中を体験した日本人の舌は肥えていた。安けりゃいいってもんじゃない。おにぎり1個にもおいしさは譲れない消費者がいたということだ。質にも、バリエーションにもうるさくなった時代性が見える……。

このあたりからは完全にコンビニおにぎりは、手作りおにぎりと一線を画したように思う。リーズナブルなおにぎり、贅沢なおにぎりと、気分次第で商品を選べる「仕組み」は、家庭では無理だ。おやつに食事に、飲んだ〆に。おにぎりが担う役割は、大きくなっていった。

おにぎりにも「個人の価値観」

最大のエポックは、平成の終わり。コンビニおにぎりは、もうおいしくて当たり前の時代だ。変わったのは消費者のほうだ。

「これまでおにぎりをもっとおいしくしようと、海苔や具、米の質を磨き上げることに全力を傾けてきました。でもこれからは、それだけじゃダメ。おにぎりは個人の価値観で選ばれる時代になったと思います」

令和時代になったばかりのころ、ある取材でローソンのおにぎり屋担当者にこう言われて「へぇー」と、目からウロコが落ちる思いがした。3章に詳しいが、ローソンは２０１８年に、若者層から支持を集めた巻き海苔ナシの「悪魔のおにぎり」をヒットさせている。ラインナップの中で常にダントツ1位の人気だった「ツナマヨ」を一時は抜き去った爆発的な売れ行きに、業界中がざわついた。このヒットは当時、「海苔がなくても売れる」証になったし、「お母さんが握った素朴な味」を追い求めてきた、昭和の市販おにぎり像を覆すインパクトがあった。

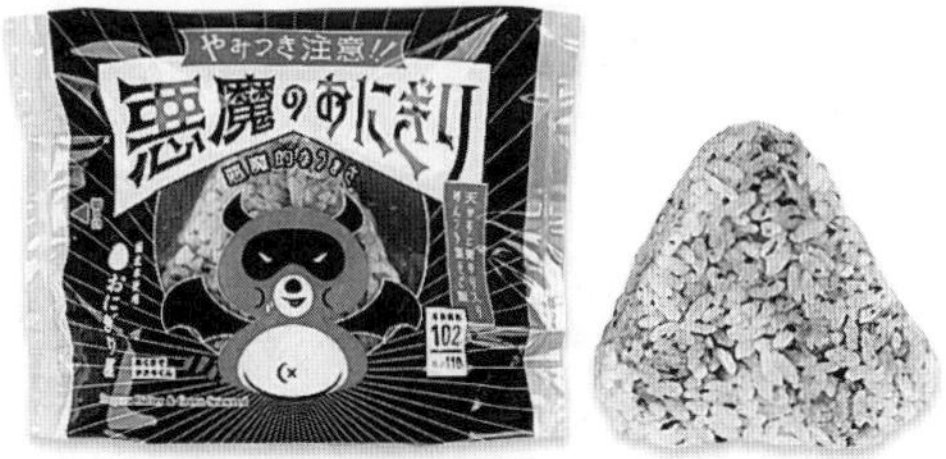

18年に発売したローソンの「悪魔のおにぎり」は、混ぜごはん系おにぎりブームの火つけ役だ

　ただ、パッケージに描かれた「悪魔クン」のキャラがかわいいとＳＮＳで話題になったことがヒット要因でもあり、一概に「若者は海苔ナシが好き」とはいえない。しかし、昔の若者と志向が変化している兆しはある。

　18年4月にＬＩＮＥリサーチが自社の「みんなのランキング」で10代以上のＬＩＮＥ利用者男女約36万人に「おにぎりの人気の具」を聞いたところ、老若男女共通の人気具材1位は「さけ」、2位「シーチキンマヨネーズ（ツナマヨ）」、3位「明太子」。

セブンでは、これに「梅」「昆布」を入れた手巻おにぎりを、20～30あるラインナップの中の「不動の稼ぎ頭」として「ビッグ5」と呼ぶ習慣がある。それを思うと、納得のランキングだ。一方、注目したいのが10代のランキングだ。男女とも1位は「ツナマヨ」だが、9位に具も海苔もない「塩むすび」がランクイン。渋い。

これは、ごはんがおいしくなったせいもあるが、SNS世代は自分のビジュアルを気にして「海苔や具が歯にくっつくのをいやがる」という説もある。前出のローソンおにぎり屋担当者が分析するように、「おにぎりも価値観・ライフスタイルに合わせて買う」時代になっているといえそうだ。

健康志向のもち麦ブーム

それを裏づけるトレンドが、健康系のおにぎりの台頭だ。ファミマは17年から食物繊維が豊富なスーパー大麦「バーリーマックス®」入りのおむすびを発売。女性だけでなく、おなか周りが気になってくる中高年男性客にも刺さり、累計販売1億食を突破している（2019年8月末現在　弁当・寿司含む）。

セブンは18年から本格的に展開している「もち麦もっちり！」シリーズや18年春から投入した「五穀ごはんおむすびシリーズ」や、レタス１個分の食物繊維が取れることを「カラダへの想いこの手から」のマークでわかりやすくアピールした点も、ヒットになった一因だろう。

ローソンも２０１４年からナチュラルローソンでもち麦入りおにぎりを発売し、健康や美容を気づかう女性を中心に人気となる。さらに玄米おにぎりも発売。現在では、通常のローソンでも定番品として販売している。

「昔から健康米のおにぎりは定着しないというジンクスがありましたが、健康志向の高まりや、よりおいしく召し上がっていただけるよう製法を見直したこともあって、好評をいただいています。今後も伸び続けるのでは」（セブン商品本部おにぎり担当者）

例えば、白米にもち玄米、もち黒米、もち赤米、もちきび、もち麦をブレンドした「五穀ごはんおむすび」は、「雑穀に

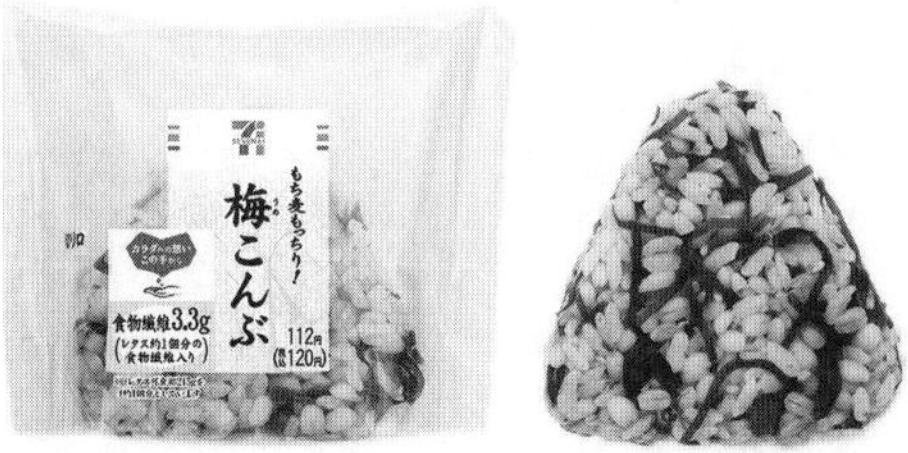

18年に発売した「もち麦シリーズ」は、セブン－イレブンの売れ筋に

よって最適な浸漬時間が違うため、別々に水に浸してから炊く」製法にした。全国にある米飯の製造工場ごとに水や気温、湿度が違うため、その浸漬や炊き加減は同じじゃない。担当者は工場を回り、どこで作っても「セブンの味」になるようチェックするそうだ。

こうした舞台裏の努力が、自宅でおいしく炊くことが難しい健康米をもっちりと炊き上げ、令和時代にますます伸びる新ジャンルおにぎりの座をゆるぎないものにしている。

だが、さまざまな製造技術が進歩するにつれ「原点回帰」の波が押し寄せていることも事実だ。アイデアおむすびに定評のあるファミマも、基本の大切さは忘れない。毎年のように定番商品の改良を重ねているが、19年夏にも手巻おむすびをよりふっくらおいしく刷新した。

年間約22億7千万個もおにぎりを売るセブンも、令和時代もおにぎりがコンビニ売り上げ王であり続けるためには「基本商品のブラッシュアップが鍵」と言い切る。珍しい具や味のおにぎりは、一度人気が出ても、消費者はすぐに「梅」「さけ」「昆布」といった大定番に戻ってくるという。

ひと口食べると、なぜか懐かしい――昔も今もおにぎりをほおばる時、そう感じるDNAが日本人にはあるのかもしれない。コンビニおにぎりは不滅だ。

第2章　セブン－イレブン

1970年代、初期のセブン－イレブン店内。おにぎりやサンドイッチをレジ横で売っていた

シャキシャキレタスサンド（2005年）

1978年生まれ。おにぎりに匹敵する販売歴を持ち、平成に入ってメキメキおいしさがアップしたのが、セブンのサンドイッチだ。歴代担当者によると「サンドイッチの歴史は長いですよ、棚が常温の時からありますから」。「常温？」と思った人がいるかもしれないので、最初に説明しておこう。現在、店の売り場は商品カテゴリーによって4つの温度帯に分けられている。

①常温……日用雑貨、カップ麺などの加工品、菓子類など
②20度……おにぎり、弁当など
③チルド……サンドイッチ、惣菜、麺類など
④冷凍……アイスクリーム、冷凍食品など

①と②は大差ないと思うかもしれないが、夏場、自宅でおにぎりを長時間外に出しておいて腐らせたことや、冷蔵庫に入れておいてごはんが硬くなってしまった！　という経験をしたことは、みなさんも一度くらいはあるだろう。そうならないため、コンビニは商品別においしさをキープする「適温」を設定して販売している。セブンはいち早く1987年に、製造工場から店舗までの配送を1日3便にし、20度管理体制も確立した。チルドでの販売がスタートしたのは、平成に入った93年のことだ。

つまり、コンビニ黎明期の70年代の売り場は、町のよろず屋がそうだったように常温棚で商売していた。そんな昔からサンドイッチは店にあったというわけだ。セブン-イレブンはアメリカ発祥の店だから、パンが強かったのは当然なのかもしれない。

だが、チルド温度帯の売り場ができる前、オリジナルのサンドイッチを作るのは容易ではなかった。

「(常温管理だった) 当時は、おにぎり同様サンドイッチを手づくりされていたご家庭が多かった。ですから、大手製パン業者が作る業務用のサンドイッチ用パンなんてなかったですし、フレッシュな野菜や果物、卵、畜肉系といった具材を使うことも難しかった。70～80年代は、もっとおいしいサンドイッチを作ろうと、日々試行錯誤していた時期です」

そう語るのは、商品本部デイリー部総括マネジャーの笠石吉美だ。セブンだけじゃない。市販されていたサンドイッチといえば、ハムとキュウリを挟んだだけなど、シンプルなものが多かった。昭和世代なら、覚えている人も多いだろう。

「サンドイッチのおいしさを決めるのは、やっぱりパンなんです。何度もリニューアルし、改良してきました」(笠石)

昭和のサンドイッチを初代と呼ぶなら、二代目と呼ぶにふさわしい商品ができたのは97年。サンドイッチの食パンを作る製造工場が始動した。

しつこいようだが、セブンは各分野の専門メーカーとチームを組んでオリジナル商品を開発している。サンドイッチも製造工場を持つベンダーをはじめ、原材料メーカー、包材メーカーなど多数のメンバーが集まり、品質のブラッシュアップや新商品の企画開発をしている。その中のベンダーの一社が、セブン専用のサンドイッチ用食パン工場を作った。

工場を稼働させたことが、なぜエポックなのか?

市販のサンドイッチのパンは、製パン業者が作ったものを仕入れて作るのが一般的だ。小売りが専用工場まで擁するケースは珍しい。一連の背景には「チルド温度帯販売」に切り替わったことがあった。

「チルドになって、具材の品質向上につながりましたが、食パンを冷蔵庫に入れておくとどうなります？　乾燥してすぐにパサパサになりますよね。そうならないために、食パンの原材料から製法まで、すべて見直し、セブン専用のサンドイッチ用食パンを開発したんです」（笠石）

冷蔵してもおいしさを損なわないパンとは、ひとことでいうと、リッチなパンだそうだ。厳選した原材料を使うことはもちろん、生地の熟成時間を長くするなど手間暇をかけてふっくらとしたパンを作った。当時のサンドイッチのパンは、ふっくらとはしていなかった。市場にないなら、自分たちで作ろうと動いたわけだ。

パン改革で、セブンのサンドイッチの進化に拍車がかかった。商品開発とはおもしろいもので、どこかひとつが秀でると、別の箇所もリニューアルしたくなる。その繰り返しで、商品のおいしさや品質が自然とアップしていく。

鮮度革命

次の「改革」は2005年、「シャキシャキレタスサンド」を筆頭に、フレッシュな野菜サンドが誕生した時だと思う。〝シャキレタ〟は、これでもかと挟まれたレタスが、本

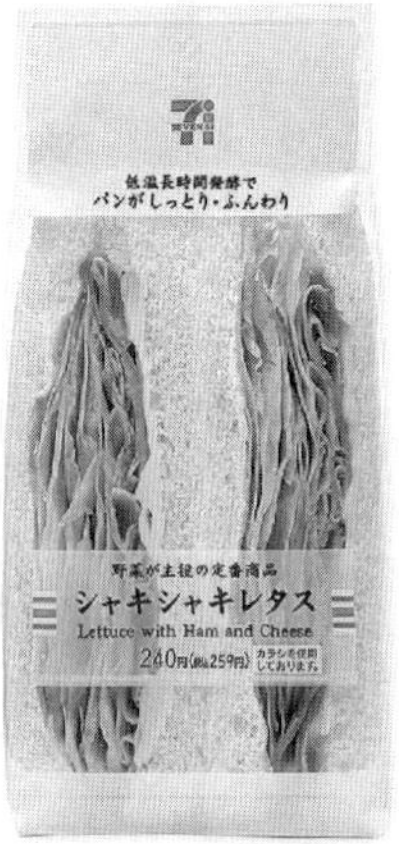

新鮮な野菜を使った「シャキシャキレタスサンド」は、コンビニサンドイッチのファン層を広げた

当にシャキシャキする！　と好評で大ヒットした。今やすっかり定番だ。この舞台裏にも、独自のイノベーションがあった。

「05年からコールドチェーンを開始していました。だから鮮度のいい野菜を使うことができるようになったんです」

と、笠石は言う。コールドチェーンとは低温物流網のこと。当時、野菜は収穫後、常温で保存・保管されることが一般的で、劣化を防ぐことは難しかった。そこでセブンは有志の農家に呼びかけ、産地～センター～製造工場～店舗まで、一貫して低温で野菜を運ぶシステムを独自で作った。

「これまでの野菜流通の常識を覆すことなので、構築するまで時間がかかった」と、関係者は振り返る。サンドイッチをはじめ、サラダや惣菜の野菜もぐんとフレッシュになった。

「いつの時代も課題と向き合い、パンを変え、野菜など具材の改良をしてきました。でも、もっとおいしくできるはずだと考えていたんです。そこで〝改革〟第3弾として製造方法

を大幅に見直しました」（笠石）

大改革に至ったのは、2013年にセブンカフェが誕生したこともきっかけになったに違いない。淹れたてコーヒーのお伴に、サンドイッチやベーカリー、スイーツなどの売り上げが伸びた。つまり、より多くのことがサンドイッチに注目を集める契機となったのだ。

改良ポイントは、やはりパンをよりおいしくすることだったという。

「ふわふわ」の悩み

「具のクオリティーの高さも重要ですが、サンドイッチを食べた時に一番先に口に入るパンのふわふわ、もっちりとしたおいしさのレベルを上げたかった。これが難しかったんです」

と、笠石。これまでも生地を12時間もの長時間熟成するなど、独自の製法でパンを作ってきた。筆者も、きめ細かでふわふわの食パンだなぁと思っていたのだが「あまりにふわふわだと食パンをきれいにカットできず、パンの品質を大きく変えることができなかった」（笠石）ことが課題だったそうだ。ふわふわパンが、うまく切れないってことはなんとなくイメージできる。

そこで2014年に、製造ラインに新設備を投入した。3つのポイントは次のとおり。

①三斤食パンを薄くスライスできる「丸刃スライサー」を導入
②手作業で具材を挟んだサンドイッチを押しつぶさず、軽い力で切ることができる「超音波スライサー」や「エンドレススライサー」を設置
③熱の力で密封する新型包装機を導入

①により、よりやわらかくふわふわに改良した食パンでもカットできるようになった。切れ味よく断面に凹凸ができないので、パンのダメージが少ない。また②のおかげで卵やツナなど、具がたっぷりのやわらかいサンドイッチも、カツやシャキシャキレタスのような具の硬いサンドイッチも、すべて三角に切れるようになった。③は細かすぎる改良だが、乾燥はパンの劣化に直結するため、それを防止する一手だ。特に丸刃スライサーの導入は代々の担当者にとって、十数年来の悲願だった。製造ラインの刷新で、定番がよりおいしくなったことは間違いない。

ここでクイズ。おにぎりに、鉄板の売れ筋「ビッグ5(さけ・ツナマヨ・梅・昆布・明太

子）」があるように、サンドイッチにも「人気をキープするため、毎年ブラッシュアップする」という四天王メニューがある。何だと思いますか？

答えは、「ミックスサンド」「シャキシャキレタスサンド」「たまごサンド」「たっぷりハムサンド」だ。想像したのとマッチしただろうか。こうした定番のおいしさを「もう改良の余地がないのでは」と思うほど追求し続けるのがセブンの商品開発スタイル。笠石も「定番がおいしくなければ、成長はない」と言い切った。

ところが2018年から、どうもサンドイッチ売り場の品ぞろえが変わってきたなぁと思っていた。シャキレタやミックスサンドといった「いつもの」商品に加え、ローストビーフや海老カツ、ロースカツ、ブルーベリーやイチゴなどフルーツ系など、バラエティーが広がった。

笠石いわく「セブンのサンドイッチのポテンシャルを高めてくれたのは、ローストビーフサンド」。たしか18年冬ごろから店頭に並んだと記憶している。初めて見た時は、白い食パンより分厚い赤い牛肉が、ぎゅうぎゅうに入ったサンドイッチのインパクトに驚いた。棚で異彩を放っていたため、一瞬よく売れるだろうが、定番にはならないだろうなぁと思っていたのだが……。

「ローストビーフサンドは、まず北海道でテスト販売しました。そこで予想を超えた反響をいただいたので、全国販売へと広げた経緯があります。結果、コンビニでは少々高い400円近い価格だったのにもかかわらず、本当によく売れて、20くらいあるサンドイッチのうち、売り上げ金額で1位か2位につけるほど。平成最後の年末に出したあの商品は、私たちにいろいろな気づきを与えてくれました」（笠石）

ローストビーフサンドは売れ方に、独特の傾向があったそうだ。

①夜に売れた

②女性に売れた

大ごとではないと思うだろうが、コンビニのサンドイッチやおにぎりの販売ピークは昔から決まっている。朝だ。通勤・通学の途中にコンビニに寄って朝食、あるいはランチ用に買う。これがユーザーの行動パターンだといわれてきた。だから、サッパリ、シャキッとする野菜やちょっと食べ応えのあるツナ、卵などが好まれた。またコンビニの来店客層の比率は、今でも男性のほうが多い。だから「女性に人気がある」商品は、とがっているといえる。

おつまみ&夜食需要

なぜ売れたのか。購買分析をした笠石らによると、2017年に国会で、いわゆる「働き方改革関連法」が通り、残業を控えるライフスタイルが広まった。晩ごはんを自宅で食べる人や、「家飲み」が増えたわけだ。そうなると単身者や多忙な有職女性などが帰宅途中、ふらりとコンビニへ足を向ける機会も多くなる。時には「夕食を軽く済ませたい」とも思うだろう。その時に、一つで満足できそうな、〝ザ・肉〟のローストビーフサンドが重宝がられたのではないか。折しも、赤身や熟成肉がブームとなって定着していたころ。「買い合わせとしてワインもよく売れた」そうだから、間違いないだろう。個人的には、ジューシーな牛モモ肉を山ワサビとしょうゆ味のソースに合わせたことが、ポイントだったと思う。399円払っても納得できる高級感があった。

「働き方改革の広がりで、社内の中に購買シーンの〝夜〟をねらっていこうという動きは早くからありました。具だくさんのスープなどが一例です。でもサンドイッチが夜に売れるとは。この事例もあって、サンドイッチ売り場の改革はどんどん進みましたね」（笠石）

「夜サンド」というべき、新しいトレンドを実感した商品がもうひとつある。本書が発刊

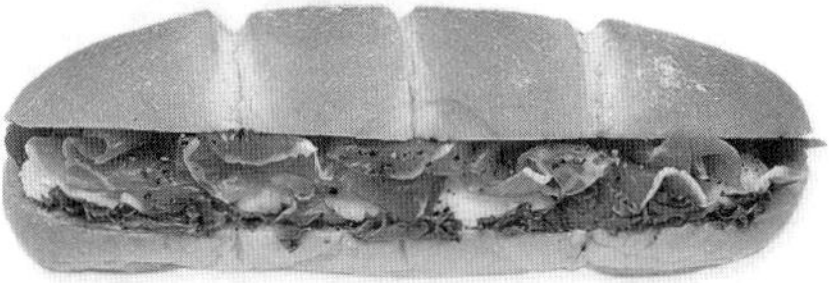

食パンだけでなく「セミハードロール」と呼ばれる、食べ応えのあるオリジナルパンで作ったサンドイッチも定番に

されているころには、売り場に占める面積がより大きくなっているだろう。ロールサンドだ。中でも「スモークサーモン&クリームチーズサンド」が女性に人気で、これも18年くらいから本格的に出回った商品だ。ローストビーフサンド同様、夜もよく売れ、アルコール類との買い合わせも多い。

一見カスクートのような細長いフォルムだが、食べてみるとソフトでもちもちのパン生地だ。セブン社内では「セミハードロール」と呼ばれている。これは、サンドイッチ担当者が「三角サンドばかりではなく、専門店にあるようなカスクートやバゲットサンドを出せないか」と考え、開発中に生まれた、新しいパン生地だという。

「バゲットを包装すると、パリッとした食感をキープさせるのは難しい、商品化は無理ではないかという話もしましたが、開発メンバーらが知恵を出し合い、小麦の配合などを工夫して、もちもちとして食べ応えあるおいしいパン生地を作った。

売り場の中のサンドイッチのポジションはこれからも多様に変わっていくでしょうね」と笠石は言う。業界のサンドイッチトレンドを見ると、ローソンやファミマが全粒粉のパンを使ったサンドイッチに力を入れるなど、令和になってますます動きが激しくなってきている。

おにぎりに弁当、パスタ、サラダ、惣菜、麺類、ファストフード……消費者の胃袋争奪戦が、現場（売り場）で起きている。時代に応じて柔軟に姿を変えるコンビニサンドイッチ。外国人観光客が増える東京オリンピックイヤーの2020年など、今後ますます進化するチャンスは多い。

レンジ麺（2006年）

地味だった商品が進化を遂げてヒットし、一躍スターになることがある。製造技術が進歩した平成時代は、コンビニメニューの人気ランキングが激しく入れ替わった時代だと思

経時劣化しやすいうどんの麺を全面改良。もっちりとした食感で大ヒットになった

う。そこでセブンの商品担当者たちに「平成を振り返って、大きく売れ行きが伸びたと思うカテゴリーは何か？」と聞いてみたところ、「あれはおいしくなったよね」と、票を集めたのが〝調理麺〟だった。

　おもしろかったのは消費者同様、担当者たちにも「推し麺」があったことだ。最もおいしく進化したのは、冷し中華だと言う人もいれば、ざるそばだと言う人、野菜をどっさり入れたタンメンだという声もあった。そば・中華そば・うどんと、種類が豊富なカテゴリーだから意見が分かれるのは当然だし、本来ゆでたてがおいしい麺を商品化する難しさを思えば、「これがナンバー1だ」と筆者も安易に断言できない。

　なので、質問を変えてみた。

「開発が特に難しかった麺商品で、最も成長したものは何か？」

　すると、歴代の調理麺担当者たちの意見が合致した。「レンジ麺」と「うどん」。平成時代に大きく進化したのは、このふたつだという。特に「レンジ麺」という商品設計は、現在のような定番に落ち着くまで15年以上かかった。

一般的に聞き慣れない「レンジ麺」について、ざっくりと解説しておこう。「レンジ麺」とは文字通り、レンジで温めて食べる麺商品のこと。そば・中華そば・うどん、全部ある。

オリジナル調理麺の第1号「小割けそば®」（1982年発売）。当時は麺を手で丸めて盛りつけていた

「カップの容器に入った生（もしくはゆで）麺商品」だったため、「カップ麺」と呼ばれていた。カップ麺時代に開発担当だったセブン執行役員の和瀬田純子は、こう証言する。

「もともと、オリジナル麺商品の第1号は『小割けそば®』（1982年）で、当時から外で手軽に麺商品を楽しみたいというお客様のニーズは多かったと聞いています。そこで、ざるそばやそうめん、冷し中華など、冷たい麺の商品化を先行して進めてきました。でも秋冬、温かい麺のニーズもありました。火を使わず、手軽においしく召し上がっていただける商品を作りたいと、90年代後半からカップ麺の開発に取り組んできたのです」

90年代、市場でまだ珍しかったコンビニエンスな市販の麺は、夏場、食欲がわかない時にツルッと食べられるため、ニーズが高かったのだろう。だから、まずは冷たい麺の開発に注力したのだと想像する。

「チームのみなさんの力もあって、ざるそばや冷し中華は改良を重ねるごとに品質が上がり、人気商品に成長していった。でも当時、コンビニにある温かい麺といえば、アルミの容器に入った冷凍鍋焼きうどんか、即席のカップ麺だったんです。もっと手軽に、おいしい温かい麺を出せないものか。そう思って本当にいろんなことを試しました」(和瀬田)

麺部会の苦悩

ここでも開発現場に「チーム」という表現が出てくる。繰り返しになるが、おにぎりやサンドイッチなどと同じで、麺商品も製造工場や原料メーカー、包材メーカーなど、各分野の専門家が集まって商品開発をしている。社内で「麺部会」と呼ばれるチームだ。その知見を合わせ、セブンの麺商品は26ヵ所の専用工場で毎日作られている。

　長年チームに加わってきたニッセーデリカに「カップ麺（レンジ麺）」の資料が残っていた。同社の執行役員で開発本部長の吉田輝彦によると「カップ麺の開発に取り組んだのは98年ごろ」という。和瀬田の記憶と合う。容器に生麺を入れ、「湯切り」して食べるスタイルだった。レンジで温めるまでは至ってないので「カップ麺」と呼ばれていたわけだ。

「記録によると、当初は生麺をゆで麺に代えたり、戻したり……試行錯誤を繰り返していました。そして2002年からレンジ対応容器になりましたが、スープはまだ別添えでした」（吉田）

　この時期の〝トライ&エラー〟を、「聞き伝えもあるが」と断りつつ、和瀬田は語った。

「麺にお湯を注いで湯切りしたり、スープを希釈して使ったり、おいしいカップ容器麺を作ろうと手探りで開発を進めていました。でも、簡便さを考えるとまだまだ改良の余地がありました。ですから容器ごとレンジで温める仕様に切り替えたのですが、今度は温めに時間がかかったり、麺や具材に均等に熱が行きわたらなかったりと難しい課題が出てきました。2000年代前半は〝レンジ麺〟という商品をいかにおいしく提供するか、悩みながら開発を続けていましたね」

現在の「レンジ麺」に近いカタチになったのは、おそらく２００６年。資料をたどると「カップレンジ麺」という呼称が出てくる。

具と麺の間に中皿（フィルム）が挟まれている状態で、温まったらフィルムを外して食べる商品だ。フィルムがあったのは「麺の上に直接具材を載せると、互いの水分が移行して品質が落ちてしまい、それを防ぐため」だそうだ。約10年前の話だが、「そういえば（フィルムの上に具がのった）そんなそばやうどんがあったなぁ」と、覚えている人もいるだろう。このあたりから、スープはゼラチンで固められた（つゆを煮凝《にこご》りのように固め、温めるとスープになるよう工夫した）ので、別袋のスープをかける手間が省け、ぐっと簡便な商品になった。

だが、まだ麺と具の間にフィルムが挟んであることも改善の余地があるし、麺やつゆの品質向上もしなければならない。当時を知る開発メンバーたちは「つゆに野菜の炊き出しスープを入れて旨みを増したり、未凍結のかつおのだしを利かせたり、よりおいしくしようと、毎年毎年、知恵を絞っていた」と振り返る。

取り組みのギアを上げたのは、２０１１年のことだった。

「当時のＭＤ（マーチャンダイザー：商品開発者）さんの声かけで、〝具材たっぷり・調理

性〟を合言葉に、レンジ麺を改めてブランディングし、メニューを増やそうと動き出しました」（吉田）

定番商品は、毎年ブラッシュアップされる。どんな方向性で改良するのか、カテゴリーごとのチームをまとめるのが商品本部のMDの仕事だ。MDはひとつのカテゴリーの開発に慣れてしまわないよう、2〜3年くらいで担当替えになる。

担当チーフMD、若井祐介はこう証言する。

「私が担当になったのは最近なのですが、先代の時から蕎麦粉の割合を高めたり、だし感を強めたり、品質の向上につながる改良をしてきました。2000年代半ばから、この10年間で、自分でもレンジ麺は劇的に変わったと思います」

15年には、悲願だった麺と具の間のフィルムを外すことに成功した。リアルタイムで開発に携わった吉田によると「信州の企業が作った寒天シートを採用し、『可食シート』として用いて、麺と具の間を仕切った」そうだ。寒天なら、レンジで温めれば溶けてなくなりスープと混じる。食べる前に「フィルムを外す」ひと手間がいらない。

といっても、こうした「変わった！」にたぶん消費者は気づいていない。周囲のミドル世代の男性に「セブンのレンジ麺に、昔、フィルムが入っていましたよね？」と話を振ってみると、きょとんとして「レンジ麺？　何それ？　セブンの麺といえばかき揚げ蕎麦、うまいよなー」と、意味不明の返答が来ることが多い。いやいや、かき揚げ蕎麦が、その「レンジ麺」なんですけど……。余談だが、コンビニのロングセラーほど、改良したことが消費者に気づかれない。消費者との距離が近すぎるからなのか。不思議だ。「レンジで温めるだけ」でＯＫになった麺メニューは、15年以降、ますます磨かれ、メニューが増えていった。

令和初の秋冬・目玉商品として話題を呼んだ「新・かき揚げ蕎麦」。レンジ麺で初めてストレートスープになった

「16年からそばは、石臼挽き蕎麦粉１００％になり、つゆも煮かえしを使うなど本格化しました。天ぷらなども工場で揚げ、手間ひまかけた調理を行うようになったと聞いています。昔から、レンジ麺の売れ筋はかき揚げ蕎麦が代表格だったんですが、近年、爆発的に売れています」（若井）

製麺スペシャリストの育成

16年から社内で「製麺スペシャリスト」なる制度を作った影響も大きかった。前述したとおり、セブンは全国26カ所の専用工場で麺商品を作っている。いくら東京の本部でおいしい麺のレシピを決定しても、各地で「同じ味」を作れなければ元も子もない。そこで、各地に製麺の技術・知識に長けたスペシャリストを置き、品質に差が出ないよう手を打った。「製麺スペシャリストになるには、技能や筆記、試食する力の試験に合格しなければならない」（吉田）らしく、教本は、3センチほどある分厚いものらしい。ちなみに、合格したスペシャリストは、現在28人に上っている。

「レンジ麺」の快進撃は、ここからだ。まず、2017年に「中華そば」が劇的に変わった。業界の裏話をちょっとすると、セブンはファミマやローソンと比べ、あまり大々的な商品PRはしない。それが、この時は「セブン-イレブンのラーメンを刷新！」とリリースを打ち、少人数制のプレス試食会までやった。

「あの時は、担当MDさんからラーメン専門店に負けない品質のものを作ろうという目標をいただきました。全国の工場内に中華麺の専用熟成庫を置き、徹底した温度管理での

〝二段階熟成〟を行って、コシのある中華麺に刷新しました」(ニッセーデリカ・吉田)

熟成庫を置いて——とさらっと言うが、手間ひまも設備投資も大変だったことだろう。

筆者は試食会に参加したので「大刷新したラーメン」のインパクトをよく覚えている。商品名に「熟成中華麺」と謳《うた》った(濃厚味噌のみ、ちぢれ麺)醤油・濃厚味噌・野菜盛りタンメン3品がそろった。このタイミングで、具と麺を仕切っていた「可食シート」はなくなった。

どうやってシートをなくしたのか。「具や麺に水分が移行しにくい、新技術を使ったゼラチンスープが開発できたため」と、当時のMDから説明があったが、記者たちからは「へぇー」とも「すごい」とも反応はなかった。おそらく「可食シート」に関心がなかったのだろう。「麺、おいしいねー」とか「野菜がシャキシャキしてる」とか言いながら食べていたので、刷新は成功だ。前述したとおり、ヒットする商品にうんちくは不要なのだから。

「麺・スープ・具材、すべて専用工場で作っているので、改良の余地はありますが、店で食べるラーメンと同等の品質になったことは確か。刷新する前のレンジで温めるタイプのラーメンの売り上げは、6倍になっています」(若井)

のびないうどん作りへの挑戦

そしていよいよ、平成最後の大刷新として成功したのが「うどん」だ。「いよいよ」と、あおるような表現をしたのは、昔からよく「うどん（の商品化）は難しい」と、歴代ＭＤから聞いていたからだ。

「ゆでた麺は、時間が経つと水分が抜けてしまう。これは仕方ないことですが、麺が太いほど、ぼそぼそした食感になったと気づきやすい。だから、私たち、店頭に並べる麺を作る立場からすると、うどんが一番難しいんです」

と、現場の担当時代から、ずっと麺分野の開発を知る和瀬田は言う。

セブンがうどんの刷新に本腰を入れたのは、ラーメン同様、時代のニーズがあったからだ。

２０００年以降、「はなまるうどん」など、香川県のさぬきうどんチェーンが東京に進出。さぬきうどん専門店は全国へ広がった。２０１１年にはその香川県が「うどん県」を自称するなど、うどんブームに。つまり２０１０年以降、日本人はもちもちとコシの強いうどんの味に慣れ、本格的な味を求めだした。

「大刷新に至ったのは、ニーズがあるのに我々のうどんがなかなか専門店品質にまで至ってなかったから。その反省もあったと思う」（若井）

まず2018年4月に出した冷たいうどん「ツルッともっちり！冷しぶっかけ温たまうどん」は、今や定番なので言うまでもなく、秋冬に出したレンジ麺「かき玉うどん」は、「これまで中高年男性客の購買が多かったレンジ麺に、女性客を取り込めたヒット商品のひとつ」と、若井と吉田は振り返る。

筆者も感じたが、何よりうどんのもちもち感が驚くほどアップした。実現できたポイントを若井に聞くと、次の5つだという。

①品質にこだわった香りのいい小麦の中心部を使用→粘りと弾力のある麺に
②たっぷり水分を入れた柔らかく、粘る生地を混ぜることができる新機器「多加水ニーダー」を工場に設置
③さぬきうどんを足で踏むように圧延時間を長く→もちもちとしたコシを実現
④もちもちと粘る生地でもカットできる刃・DLC（ダイヤモンドライクカーボン）を採用

⑤大量の湯で麺が踊るようにゆでる↓つるっとののどごしのよいストレート麺に

スイーツでもいえることだが、女性は「もちもち」食感が好きだ。うどんのヒットは、女性の新規顧客獲得につながったという。

セブン商品本部を挙げて「18年はうどん元年」と意気込んでいたのを覚えている。それほど大きな刷新だった。

こうして平成時代に、そば・中華そば・うどんのオールスターが「レンジ麺」の定番になった。ただ、若井らチームは「三立て（打ちたて・ゆでたて・作りたて）のおいしさに挑むのが、我々の永遠のテーマ」と、新たな刷新に着手している。令和初の秋冬麺商戦にはゼラチンのスープに代わり、容器の下層につゆを「そのまま」入れる新タイプのレンジ麺が完成した（容器は特許出願中）。文字通り、つゆ本来のおいしさが味わえる。定番の「香り引き立つかき揚げ蕎麦」はレンジ加熱時間（500w）4分10秒と、初めて5分を大きく下回った。「立ち食いそばよりうまいかも」。ネット上にはそんな書き込みが見受けられた。コンビニ麺、恐るべし。

セブンプレミアム（2007年）

平成の時代に起こったコンビニ業界の商品イノベーションは何か？　と問われたら、迷いなく「セブンプレミアム」だと答える。惣菜から日用雑貨、ドリンク、菓子、カップ麺などの加工品、衣料品まで4000アイテムを超えるPB（プライベートブランド）を作り上げ、年間売り上げ1兆5000億円に迫る巨大市場を作ったインパクトは大きい。

わざわざ遠くのスーパーまで行かなくても、近くのコンビニでふだんの買い物をすますことができる新しい買い物スタイルを、老若男女に提供した格好だ。実際、セブンへ毎晩のようにおかずやおつまみを買いに行くという単身者や高齢者は多いだろう。

セブンプレミアム誕生のきっかけは、2006年、当時、ヨークベニマルの社長（現会長）、大髙善興《おおたかぜんこう》のひと言だった。

「グループ共通のPBを作るべきだ」

周知のことだが、「セブンプレミアム」は「セブン&アイ・ホールディングス」共通の

2007年の誕生以来、コンビニPB（プライベートブランド）ブームをけん引する「セブンプレミアム」シリーズ。手頃な価格と高い品質が消費者から支持された

PBだ。セブン-イレブンでも、イトーヨーカドーでも、東北のスーパー、ヨークベニマルでも、そごう・西武でも……同じオリジナル商品を同じ価格で買うことができる。

90年代、ダイエーの「セービング」、イオンの「トップバリュ」といった小売り発のPBが台頭した時代背景もあるのだろう。05年に発足したホールディングスのシナジー効果を高める起爆剤として、大高が口火を切ったことは不思議ではない。だが、発売後12年を超え市場に根づいた理由は、安さだけを売りにすることなく、値頃感（メーカーのナショナルブランドより2割ほど安い）を追求しつつも、品質重視のものづくりに徹したからだ。

PB開発へのビッグデータ

06年11月、グループ横断の「グループMD改革プロジェクト」が立ち上がり、そのわずか半年後、「セブンプレミアム」は誕生した。当初の〝座組〟は次のとおり。

【7&iグループMD改革プロジェクト】（06年11月発足）
メンバー　セブン-イレブン、イトーヨーカドー、ヨークベニマル、ヨークマート、シェルガーデン5社72人
11部会（日配品、加工品カテゴリーごとに部会を作り、各社から担当MDが参加）
第1弾（07年5月発売）49アイテム

セブン&アイ・ホールディングス常務執行役員で、グループ商品戦略本部責任者の石橋誠一郎は、当時の様子をこう振り返る。

「私自身、加工食品の担当としてメンバーに入っていました。第1弾は調味料や加工食品、ソフトドリンクなどを発売しましたが、正直に申し上げると、みんな半信半疑でしたね。スーパーで売れる商品が、本当にコンビニでも売れるのかと。でも結果、よく売れたので

す。付加価値があり、値頃感ある商品を提供すれば、お客さまは手に取ってくださることが証明された。セブンプレミアムは、グループ各社はじめ、セブン‐イレブンにも大きな気づきを与えてくれました」

異業種メンバーからなる商品開発を引っ張ったのは、セブンだった。創業当初からオリジナル商品の開発に注力してきた同社には、商品本部のＭＤ職に就いた者だけが見ることができる「ＭＤプロセスシート」という商品開発の指南書がある。この秘伝のノウハウを初めてグループ全体に開示し、共有しあって開発を進めた。

つまりセブンプレミアムは、コンビニが培った開発ノウハウに総合スーパーマーケットなどが持つ調達力や取引先データといった、小売業のあらゆる知見が融合して生まれた、珍しいＰＢなのだ。

消費者に受け入れられた時代背景は、冒頭の「はじめに」でふれているので、そちらを参照していただきたい。この項では、セブンプレミアムの中でも、開発当事者たちがメガヒットだと記憶する商品（シリーズ）を記録していく。

商品名を出す前に、ちょっと説明しておきたい。スタートのきっかけからしてスーパー向けのように見えたセブンプレミアムが、なぜコンビニのセブンで売れたのか？（実は、

表2 「セブンプレミアム」の歩み

2006年11月	「グループMD改革プロジェクト」立ち上げ
2007年5月	「セブンプレミアム」販売開始
8月	セブン‐イレブン・ジャパンでの取り扱い開始
11月	住居関連商品の販売開始
2008年3月	生鮮加工品の販売開始
2009年1月	日経優秀製品・サービス賞2008「最優秀賞日本経済新聞賞」受賞
2月	西武池袋本店での取り扱い開始
7月	お客様参加型の商品開発コミュニティサイト「プレミアムライフ向上委員会」立ち上げ
11月	プライベートブランド商品の世界展開第1弾としてワインを日米同時発売
2010年9月	「セブンプレミアムゴールド」の販売開始
2011年5月	全面リニューアル。商品内容、ロゴ、パッケージなどを全面刷新
2012年5月	生活雑貨プライベートブランド「セブンライフスタイル」の販売開始
7月	衣料品の販売開始
11月	国産大手ビールメーカー開発商品として、初めてプライベートブランドビールを発売
2013年4月	「金の食パン」の販売開始
2014年8月	間伐材やリサイクルペットを使用した環境配慮型「セブンプレミアム」の販売開始
2015年12月	アメリカ有機繊維基準（OCS）認証を取得し、より環境・社会に配慮した商品の販売開始
2016年2月	2015年度「セブンプレミアム」売り上げ1兆円達成
2017年3月	「セブンプレミアム フレッシュ」の販売開始
5月	「セブンプレミアム」10周年
2018年10月	初の持続可能な漁業で獲られた水産物である、「海のエコラベル」MSC認証の「セブンプレミアム辛子明太子」を販売開始

セブンプレミアムの8割はセブンで売れている)。

表2にあるように、セブンプレミアムは初めからドーンと全カテゴリーを売り出したわけではない。ふだん使いする調味料などからオリジナル化し、消費者のニーズに合わせて、住居関連商品(07年11月発売)、生鮮加工品(08年3月発売)と、品目を増やしてきた。そんな中、セブンは09年、社会環境の変化に鑑み、コーポレートコンセプトを「近くて便利」に再定義している(創業当初は「開いててよかった」)。消費者にとって物理的、精神的に近い存在として、「おいしさ」や「快適さ」といった〝便利〟を提供する「暮らし応援店」へシフトしようと決意したわけだ。店の進むべきコンセプトに、セブンプレミアムの商品価値がピタッと合った。

一躍名を知らしめたのは、2010年9月に販売が開始になった「セブンプレミアムゴールド」(金シリーズ)によってだった。

第一弾はパウチ惣菜の「ハンバーグステーキ」「ビーフシチュー」「ビーフカレー」「チキンカレー」の4品。1個100円のおにぎりが売れ筋の中、「金シリーズ」は258〜398円とやや高めだ。さらに、2013年に発売した「金の食パン」も6枚入り250円と、スーパーの目玉商品として安売りされることが多かった大量生産型の食パンとは別格感が漂う。発売4カ月にして販売個数1500万超の大ヒットになった。

まさに「金シリーズ」の開発コンセプト、「専門店と同等以上の品質で価値ある値頃感」は、ありそうでなかったマーケットを掘り起こした。

現在「セブンプレミアムゴールド」は、セブンプレミアムが約4200品目なのに対し、約40品目しかない（2019年8月末現在）。数多のオリジナル商品の中、最高品質の「金」を冠するのがどれほど難しいかがわかる。

商品本部の幹部陣に聞いてみた。セブンプレミアムのヒット商品の中で、印象深いものは何か？　すると、みな同様に「どれも思い入れがあるから……」と悩みに悩む。そうした中、前出の石橋がふと発した一言に、興味を抱いた。

「食品業界の『インテル』ともいえるアリアケジャパンさんが、金のビーフシチューを一緒に作ってくださったのはエポックでしたよね」

アリアケジャパンは天然調味料メーカーだ。「市場に出回るあらゆる惣菜、加工食品等の中に、同社製のだしやソースが入っている」といわれる老舗で、石橋が「食品業界のインテル」と表現したのは的を射ている。だが、だしやソースを主力商品とする同社は、創業以来、料理のおいしさを支える「黒子」的な役割を担ってきた。

それが一転、「金のビーフシチュー」の裏面に、ばっちりとメーカー名が記載されたことがエポックだというのだ。

レアケースは、なぜ実現したのか？　アリアケジャパンに「金シリーズ」の開発に参戦した経緯を聞いた。

きっかけは09年、セブンのあるMDが、セブンプレミアムの売れ筋惣菜を増産するので商品を製造するチームに加わらないかと声をかけたことだったという。

「弊社はソースの製造が本業なので、この優位性を生かしたいと正直にお伝えしました。そこで弊社にしかできない価値あるメニューは何かというお話になり、『ビーフシチュー』だと。ここから開発が始まりました」（アリアケジャパン東京営業第二課・石渡裕二）

同社製の主な商品は、加工用または業務用。１９９９年からセブンのチームMD（共同開発）メンバーとして、さまざまな商品開発に取り組んできたが、家庭用商品の自社開発は「金のビーフシチュー」が初体験だったという。

「つねづね質を第一優先するセブンさんの姿勢に感銘を受けていました。その中でも、セブンプレミアムゴールドは最高品質シリーズですから、弊社も経営トップが陣頭指揮を執り、プライドにかけて取り組んだことを覚えています」（石渡）

高くても、買ってもらう

セブンプレミアムやセブンプレミアムゴールドの勝因は、まずここにある。市場に出回るNB（ナショナルブランド）とは違い、「価格より質」を唱えるセブン＆アイグループという販売チャネルが決まっているから、メーカーはチャレンジングな開発ができる。

アリアケジャパンも「プロの料理人と磨いてきた本物のソース技術」を投入し、最初はレストランで食べれば２５００円はするだろう本格ビーフシチューを試作し、６９０円の売価をつけた。気合いが入っている。だが２５００円の価値があろうと、６９０円は高い。セブンの役員試食会でダメ出しをもらいながらも、開発チームは諦めずに市場リサーチを重ね、10回以上の試作を繰り返し完成させた。それが2日間かけたデミソースを使用し、フォンドヴォーやブラウンルー、赤ワインで煮込んだ「金のビーフシチュー」（３６０円）だ。

店頭に並んだ時は、ＰＢにしては「高っ」と話題になったが、一度食べるとリピーターが続出。「在庫が砂に水をまくように消えていった」と、石渡は証言する。コンビニで高級感あるメニューが、今でもヒットし続けているのはなぜだろう？　と思う人がいるだろう。それはおにぎりや麺などと同じ、売れていたって毎年、もっとおいしくしようとリニューアルされているからだ。

この点も、セブンプレミアムの強さの秘訣だ。売れているそばからリニューアルし、ファンを飽きさせない。高級食パンのレジェンドといわれるようになった「金の食パン」は現在7代目だし、この「金のビーフシチュー」にいたっては、9代目。ゴールドがどこまでも「圧倒的な質」にこだわるＰＢなのがわかる。ブラッシュアップを続けてきた「金のビーフシチュー」のリニューアルポイントを振り返っておこう。

セブンプレミアムゴールドの代表作、「金のビーフシチュー」

◆4代目　日本人の嗜好に合わせ、オーストラリア産牛肉をアメリカ産へ変更。旨み、やわらかさアップ
◆5代目　湯煎調理から、レンジアップ可能な新包材へ変更
◆6代目　牛肉をよりやわらかなブラックアンガス牛にグレードアップし、肉

量倍増

◆8代目　再度リサーチすると、シチューをごはんにかけている人が多いことが判明し、しょうゆ・みりんを隠し味に。ごはんにも合う味になった

◆リニューアルの売り上げが好調だったため、牛肉に煮込みだしを増量。深みが増し、具材との一体感あるソースが実現

石渡によると、8代目にリニューアルする時が一番難しかったという。思えば、この時、セブンは都内のキッチンスタジオで試食会をした。グルメではない筆者でも、ビーフシチューに「和」の風味を感じ、ごはんがほしくなったのを覚えている。ヒット商品が売れ続ける陰には、想像以上の努力がある。セブンプレミアムゴールドは、単なる「PB（プライベートブランド）」ではなく、メーカーの「プライドブランド」なのだ。

こうやって、消費者目線でヒットを探るセブンとメーカーがタッグを組み、成長してきたセブンプレミアム。平成〜令和のタイミングで大躍進したカテゴリーのひとつが「冷凍食品（以下、冷食）」だった。

もともとセブンプレミアムのスタート当初は、冷凍のギョーザやグラタンなどを100

円で販売するシリーズを展開した。これも話題になったが、定着したとはいいがたい。革新的な冷食メニューがセブンで販売され始めたのは、2013年以降だ。歴代担当者に聞くと「13年から冷凍食品における『食卓惣菜』の品ぞろえを広げようという方針が立った」そうだ。アップルマンゴーなどの冷凍果実、大学いもといったおやつ系など、新メニューが続々誕生している。

「おかづまみ」戦略

そうした経緯の中、革新的なヒット商品をあげてみると――「これ、うまいっ」と、話題になったのが2018年3月に発売した「セブンプレミアム すみれチャーハン」だ。札幌味噌ラーメンの名店「すみれ」の味を、店主監修のもと再現した。販売個数は公表されていないが、SNSやメディアでかなり取り上げられたので、セブンユーザーはよく知っているだろう。このあたりから、セブンの冷食が変わった！ と実感した。

新店を中心に冷凍ケースを1台から2台、3台と増やす店が増え、平皿に入った小容量タイプのメニューが増加した。開発に携わった、商品本部の阪上かおるによると「おかずにも、おつまみにもちょうどいい『おかづまみ』シリーズとして売り出した」という。つまり「すみれチャーハン」にしても、焼肉や焼鳥といった「おかづまみ」にしても、「冷凍食品→スーパーの特売品→購買客は主婦」というイメージを払拭し、ターゲット層を若者・男性にまで広げたことが当たった。

「おかづまみ」戦略に賛同し、ヒット商品「レンジで牛カルビ焼き」や「レンジで牛プルコギ」を作ったエスフーズのマーケティング部・日向修は、開発当初をこう振り返る。

「弊社の主力は焼肉・ホルモンメニューです。２０１６年春に新工場の焼成機を使って、セブンさんにお肉を焼き上げた商品を提案したところ、担当ＭＤさんから冷凍メニューの話が出たんです。家庭用向けの冷凍焼肉を作ったことはなかったのですが、先入観がなかったことがよかったのかもしれません。新しい取り組みに素直に入っていけました」

なんとエスフーズにとっても、前出のアリアケジャパン同様、チャレンジングな開発だった。焼肉を冷凍するだけ、と思ったら大間違い。完成まで8カ月を要したという。

「電子レンジで調理する冷凍食品で、焼肉専門店で出されるようなジューシーな風味をどうやって再現するかが難題でした。専門店を何軒も調査し、肉の厚み、焼成温度、時間など試作検証を繰り返しました。最終的にはタレのつけ方がポイントになり、詳細は秘密ですが、一枚一枚丁寧に焼いて仕上げています」(日向)

16年に北海道地区でテスト販売をすると、予想以上のヒット。全国展開に切り替わった。ふたをめくれるフィルム包装に統一し、食器不要にした手軽さもポイントだったが、（ニオイを気にして）部屋で焼肉をしたくない女性や、個食ニーズの高い単身者を冷凍食品に振り向かせたのは画期的だった。

「17年から新店を中心に冷凍ケースを増やした店内レイアウトに変更しています。増設した店は、冷凍食品の売り上げが1・5倍になりました」（広報）

現在、セブンの冷食は店によって違うが、平均90品目にもなり、売り上げはオリジナルメニューを出した08年から10倍になっているそうだ。

直近の売り上げ金額トップ3は、①「セブンプレミアムたこ焼」、②「セブンプレミアム手羽中唐揚げ」、③「セブンプレミアム焼鳥炭火焼」（19年8月末現在）。

ここまで書いて、困った。セブンプレミアムは、ゴールドや冷凍食品以外にもヒット商品や話題商品がありすぎて、すべてにはふれられない。ページが足りない。

消費者目線で振り返れば、糖質制限ダイエットブームに乗った「サラダチキン」（13年発売）も間違いなく平成のヒット商品だし、資生堂の制汗剤・AGシリーズ、花王のメンズビオレシリーズ等と、小売りのPBを作っていなかった有名企業の人気シリーズが、続々とセブンプレミアムの売り場に並んだことも画期的だったと思う。

未来のセブンプレミアム

さて、気になるのは令和に入ったこれからだ。セブンプレミアムは、どう進化していくのか。冒頭で紹介した2006年にスタートした「7&iグループMD改革プロジェクト」は、2019年3月に「セブンプレミアム開発戦略部」と名称を変更。現在、当初より10増えた27部会が、グループ共通のオリジナル商品を作っている(19年8月末現在)。

「セブンプレミアムのアイテム数は4000を超えましたが、アイテム数は問題じゃないんです。売れる商品をさらに磨いて、単品で年間10億円を売り上げるヒット作をいかに増やすかが、これからのテーマです」

セブンプレミアム開発戦略部のシニアオフィサー、長田幸司はこう話す。19年度、単品で年間10億円を稼ぐ商品は約300品目。すごすぎる。その中で一番売れているのは、チルド飲料の「カフェラテ」だそうだ。このヒットにはストーリーがある。

「18年9月に透明カップに変更し、これが支持されました」(長田)

確かに、少し前のチルド飲料は容器にイラストが入ったものが多かった。だが、今はどうだろう。どのチェーンでも、透明カップが増えている。カフェラテのリニューアルには「低温管理だから生乳を使用できる。そのフレッシュ感を見た目で表現したい」という担当MDの思いがこもっている。

カップを透明にするのは難しい。配送時に日に当たってしまうと品質をキープしにくいし、透明ではない分厚いカップに比べると強度も下がる。課題を解決するため、「カップメーカー、シュリンク包材メーカー、乳業メーカー、検査機関とでチームMDをした」そうだ。

知見を結集し、強度と透明度を両立するカップを開発、UVカットインクを二度塗りしたフィルムを使うことで、光による品質劣化を防いだ。セブンカフェラテに劣らぬ、フレッシュな風味は、カップから作り直してしまうという努力から生まれたのだ。

こうした大幅なリニューアルは日常茶飯事。長田によれば、セブンプレミアムは次の５つをテーマに、次ステージでの飛躍を

4200品種以上あるセブンプレミアムシリーズで、ナンバーワンの人気を誇る「カフェラテ」。2018年に容器が透明になり、フレッシュさが際立った

目指しているという。

①主力商品の強化、②健康対応、③セブンプレミアムゴールドの強化、④環境対応包装、⑤グローバル展開の強化。

④については、最終章でふれることにしよう。⑤に関しては、現在、シンガポールや台湾など7つの国と地域で「セブンプレミアム」がすでに売られている。世界各国の食卓で、セブンプレミアム商品が並ぶ日も近い。

セブンカフェ（2013年）

みんな、こんなにコーヒーが好きだったっけ？　というくらい、日本人のライフスタイルに大きな影響を与えた。2013年に全国発売になった「セブンカフェ」だ。

カウンターの上に置かれたスタイリッシュなコーヒーマシンのボタンを押すと、一杯分の豆が挽かれ、適度な蒸らしを入れつつじわじわとドリップ――45秒で香り高いレギュラーコーヒーができ上がる。一杯100円。おいしさ・手軽さ・コスパの良さ。三拍子そろって売れないはずがない。発売開始からの累計販売数は51億杯で、今も更新中だ。数あるコーヒーショップやファストフード店をしのぎ、セブンは日本一コーヒーを売る店になった。

当時、一担当者として開発を手掛けたセブン商品本部長の高橋広隆に、セブンカフェが完成に至るまでの話を聞くことができた。実は高橋は自宅でコーヒー豆を挽くほどのコーヒー好き。彼が開発担当になったのも、何かの縁だったのかもしれない。

「私がカウンター商品の担当CMD（チーフマーチャンダイザー）になった2010年ごろ、社内で淹れたてコーヒーの販売はもうやめようという状況だったんです。1975年に挑戦を始めてから、既に4回も失敗していました。でもコーヒー市場を見ると伸びている。ほかに手はあるのでは、あきらめたくないと思いました」

当時、全国1万2000〜3000店を展開していたセブンは、缶コーヒーを年間700億円超も売っていたという。一方、淹れたてコーヒーはその足元にも及ばす……。

「コンビニでは手軽な缶コーヒーしか売れないのが常識、という考え方が根強かった。でも淹れたてのおいしいコーヒーを飲みたいお客さまは必ずいるはずでは？　と考えました」と、高橋は明かす。新しいコーヒーを作る意義はあると信じたのだ。

日本人の舌に合うコーヒーを

セブンカフェは、平成に入って火がついたシアトル系カフェブームなどに乗って、パッと考案されたものではない。詳しくは拙著『セブン‐イレブン 金の法則』（朝日新書）に譲るが、セブンは創業当初の75年ごろから淹れたてコーヒーを扱ってきた。

販売した淹れたてコーヒーの変遷をまとめておくと、デキャンタストーブ式（75年〜）→カートリッジ式（94年）→エスプレッソ式「バリスターズカフェ」（01年〜）と、さまざまなカタチで出してきたことがわかる。何度もチャレンジした淹れたてコーヒー販売がうまくいかなかった理由は、抽出したコーヒーの味が酸化によって劣化したり、変化する消費者の嗜好と合わなかったりなど、多々考えられた。

高橋は「先代（商品開発担当）たちの失敗からたくさんの学びがあった。だから目標を絞り、一直線においしいコーヒーの完成まで走ってこられた」と振り返る。

セブンカフェの開発コンセプトは、最初から決まっていた。上質なおいしさのドリップコーヒー、一杯１００円。

コーヒー業界関係者によると「当時は家庭用エスプレッソマシンが出回り、コーヒーショップなどでもエスプレッソが流行っていた」そうだが、目指したところは真逆だ。なぜか。高橋は、開発を始める前にコーヒーに関する知見を持つメーカーなどに足しげく通い、おいしいコーヒーとはどんなものなのか、徹底的にリサーチした。その中で、調味料メーカーから得た、次の言葉に納得したという。

「日本は滋味深い繊細な味を好む、だし文化。それは水が軟水だからで、硬水のヨーロッパとはそもそも嗜好が違う」

つまりヨーロッパでエスプレッソコーヒーが暮らしに根づいているのは硬水だから。多くの日本人になじみ深いおいしさが感じられるのは、ドリップコーヒーだと確信した。ここからセブンカフェの開発ストーリーが始まった。

「まさに『ドラゴンクエスト』の世界ですよ」

と、高橋は主人公が広大な旅に出るロールプレイングゲームにたとえて、完成までのいきさつを教えてくれた。

「上質なおいしいドリップコーヒーを作りたい」と一歩踏み出す主人公（高橋）、そこへ強力な助っ人たちが次々と現れ、仲間に加わっていく――コーヒーの味や抽出方法などの知見に富むＡＧＦや調達力のある三井物産、コーヒーマシン作りに定評のある富士電機、純度の高い氷を作る技術を誇る小久保製氷冷蔵など……。これら仲間が行く手を阻む課題を各々の得意技術を駆使してクリアし、チームで進んでいったわけだ。確かにドラゴンクエストっぽい。これが原料調達、製造、包装など各分野のプロが集まり、力を合わせて新たなおいしさを追求する、セブン流商品開発手法「チーム・マーチャンダイジング」の強みだ。

マシンに職人技を求めて

中でもこだわったのは、ドリップ式コーヒーマシンだという。当時、セブンに出現したコンパクトなマシンは唯一無二のもの。完全なオリジナルだ。

「全店に設置することを目指すわけですから、店での清掃や備品補充といったオペレーションが簡単でなくては、お店の従業員さんの負担になってしまう。また万一不具合が出た時、すぐにメンテナンスできる体制を取っておかなくてはいけない。そう考えると、コーヒーマシンを海外から輸入するのではなく、国内でゼロから作らなければ。ここは譲れなかった」（高橋）

高橋の意向をくんだＡＧＦの担当者は、すぐにコーヒーマシンを作るメーカー探しに奔走した。セブンカフェを作るとは公表せずに、複数の機械メーカーに声をかけた。その中に、自販機メーカーの最大手でカップベンディングマシンの製造技術にも長けた富士電機が入っていたのだ。この時点で富士電機は、セブンとの取引が一切なかったという。ではなぜ突然、富士電機に白羽の矢が立ったのか？

「素直に富士電機さんの淹れたコーヒーがおいしかった。コーヒー専門メーカーではないのに、蒸らし時間や挽いた豆の粒の大きさ調整までできるなど、機構の細部にまでこだわっていたのに心が動きました。仕事に対する愚直さが、我々と同じだと感じたんです」

仕事って、こんなちょっとした「感動」で決まるものだ。開発に携わってきた富士電機の新ビジネス開発プロジェクト部長・石橋剛信によると、セブンとの出会いはタイミングもよかったという。

パーキングエリアなどに設置する大型のカップベンディングマシン以外に、小型のコーヒーマシンを普及させたいと開発を続けていたため、数年前に新作ができ上がっていた。だからセブンのニーズに合う〝コンパクトサイズのドリップ式マシン〟の開発に、迅速に対応できたという。

だが、営業担当として関わってきた同社の技術・サービス統括部長の難波勝哉は「（セブンカフェの開発に）最初は戸惑った」と明かす。

異業種の企業がチームを組み、集まってミーティングをするなんて初体験だ。セブンの高橋が掲げる「日本一おいしくて売れるコーヒーを作ろう」のスローガンに共鳴し、20人ほどのメンバーが一丸となって商品完成へと突き進む姿にびっくりしたそうだ。そりゃそうだ。競合ではないにせよ、周りは他社ばかり。多少は警戒するのがフツーだ。

「それが、毎週毎週おいしいコーヒーを絶対に作るんだとみんなで話しあっていくうちに情が移り、信頼し合っていったんです。弊社のマシンが完成しなければ、包材や備品の開発など、次のステップに進めない。仲間に迷惑をかけてはいけないという気持ちで、社をあげてマシンの開発に没頭しました」（難波）

この「仲間」という感覚があったからこそ、セブンカフェは成功したのだろう。

コーヒーの味の提案はＡＧＦコーヒー鑑定士が担当した。職人がハンドドリップで淹れたような上質なコーヒーを目指したため、実際に行うドリップ作法を、マシンのソフトに落とし込んでいくという極めて難しい作業になったという。

目指した味は、薄すぎず濃すぎない、ど真ん中の味。人の手で淹れたような上質な香りや味ができるまで、繰り返し、マシン調整は続く。コーヒーの飲みすぎで、眠れない夜も続いたという。取材中、富士電機の石橋がしみじみ語った言葉が印象的だった。

「ＡＧＦさんが、おいしいコーヒーを入れるには絶対に（抽出に）１分はかかると強く言い続けてくださった。本当に心強かった」

コンビニをはじめ、現場で提供する淹れたてコーヒーは「客を待たせない」が鉄則だ。セブンカフェのデビュー時は、でき上がりまでに45秒かかった。たぶん、セブンカフェでなければ「長い」と、商品化は却下されたかもしれない。

でもプロが「絶対的なおいしさを出すには1分かかる」と説いていたのだ。セブンカフェは、味に妥協せず、所要時間的にもなかなか健闘したことになる。こうして一歩一歩、形作ってきたセブンカフェは、いよいよ、２０１１年の秋口、テスト用マシンを使い、都内20店でのテスト販売へ駒を進めた。

「これが大失敗でした」と、高橋は苦笑して振り返る。一日50杯くらい売れるだろうと読んでいたのに、30杯もいかない。メンバーが集まる〝コーヒー部会〟は、それから約1年間「売れない理由はマシンのどこにあるのか？」を検証し改善する、我慢の道を行くことになった。

「この時の売れない理由の洗い出しが、後々とても役に立った。例えばコーヒーフィルターの交換が難しすぎてお店の方ができないとか、マシンの清掃に時間がかかってしまうとか、オペレーションが複雑で機械が故障してしまうとか。出てきた不具合をひとつひとつ、丁寧につぶしていったことが成功につながった」（高橋）

当時のことは、富士電機の石橋もよく覚えていた。

「これまで私たちのマシンをメンテナンスするのはプロの業者だったので気づかなかったのですが、実際に店員の方にオペレーションしていただくとなると、予想外に難しい点が見えてきたんです。奥まったフィルター交換が難しいので外からできるようにするとか、清掃しなくて済む着脱式に変えようとか。やったことのない視点が次々と出てきた」

こうして改良を繰り返し、1年後には販売エリアを拡大していった（北海道・秋田・鹿児島、そして西東京）。特に九州エリアでは一日100杯以上売れるケースが相次ぎ、「地方でセブンカフェが売れている」というニュースが大きくなっていく。そしていよいよ2013年1月、セブンカフェの全国展開が決まった。

「（全国販売の）稟議が下りたとわかった時、メンバー全員で万歳三唱しました。こんなことまずないですよ、いいチームだった」（高橋）

筆者は、2013年春にセブンが開いた「セブンカフェ記者発表会」の印象を記憶している。セブンプレミアムなどのブランディングデザインを手がけたアートディレクター・佐藤可士和によるセブンカフェのデザインは、カップもスプーンも、シンプルなものに統一されていた。装飾が少なかったので、当時は一瞬、地味なんじゃない？……と思ったことを告白してしまおう。だが、間違いだった。毎日飲んでも飽きのこないおいしさと、どんなシーンも邪魔しない上質なデザインは、すっと消費者の暮らしに入り込んでしまった。

●初代セブンカフェ
ホットコーヒー　R100円　L150円
【主な特長】
ウォッシュド ハイグレード アラビカ種100％／独自のダブル焙煎／一杯ごとにペーパードリップ／豆の劣化を防ぐため、店舗へチルド配送／軟水を使用

セブンカフェは発売初年度にして4億5000杯を突破。当時、日本で最も100円コーヒーを売っていたマクドナルドを抜き、当初の目標どおり「日本一売れるコーヒー」として名乗りを上げた。

改めて考えてみたい。セブンカフェは、なぜここまで売れたのか？

高橋によると、「力強いブラジル系の豆が流行っていた時代に、あえて少し酸味のあるアフリカの豆をブレンドしたことで、コク深くてもすっきりとした後味に仕上げた点が評価されたのではないか」という。「本来ブラックが苦手だという女性客のリピートが目立った」ことも、その裏付けになりそうだ。

つまり、おいしくて飲みやすい味がコーヒーファンのすそ野を広げたと言っていいだろう。現に、全日本コーヒー協会のデータでは、国内のコーヒー消費量は約43万8000トンをピークに下がり始めたが、セブンカフェが登場した2013年度以降、V字回復している。「セブンカフェの貢献は大きい」というのが、コーヒー業界関係者の見方だ。

こうして爆発的なヒットを飛ばしたセブンカフェだが、「コーヒーの味のトレンドは変わる」と、リニューアルも積極的に進めてきた。2014年・2016年には豆の挽き方を変え、よりすっきりとした味を強めたり、2015年にはアイスカフェラテを、2017年にはホットカフェラテをラインナップに追加したりと進化してきた。その都度、マシンもチェンジしたことは言うまでもない。テスト販売をした時から数えると、〝バージョン10〟くらいレベルアップしたそうだ（2017年当時）。

と、順風満帆に見えたセブンの淹れたてコーヒー史だが、今、振り返ると反省点もある

新しいマーケットを作ったという点で、セブンカフェはインパクトが大きかった

と高橋は言う。

「2018年、豆の使用量をアップさせたり、焙煎を三段階に増やしたりして、香りとコクをアップさせました。これがコーヒー通には受け入れられましたが、飲みやすいコーヒーの入門編として毎日セブンカフェを愛飲してくださっていたお客さまは、どう思われたか？　愛され続けているセブンカフェを変えるのは、本当に難しい」

令和時代も、消費者のニーズに合った「最高の一杯」を目指すブラッシュアップは続いている。最近は、コーヒー専門店をはじめ、コンビニ業界でも、ブレンドコーヒーだけでなく、スイーツ感覚のフレーバーメニューを多く出すのがトレンドになっている。コーヒーのプロたちが、頑なに「ブラック」と「ラテ」で勝負してきたセブンカフェ。今後どんなふうに進化していくのか、多くのファンが注目している。

【コラム】ヘルシー列伝　セブンの「カラダへの想いこの手から」

ヘルシー戦略の代表例は、3章のローソン「ブランパン」をご覧いただきたい。ここでは、時代を作った数多のシリーズの中、これも落選させるわけにはいかない！　と思ったセブンの戦略を記録する。18年3月から売り場に並んだ「カラダへの想いこの手から」（カラこの）シリーズだ。

もうすっかりおなじみかと思ったら、まだ気づいてない人が少なくない。このマークは、セブンのオリジナル商品のパッケージに見つけることができる。ただし、次のいずれかの条件を満たしているものに限り、だ。

・レタス1個分の食物繊維が摂取できる
・一日に必要な野菜摂取量の1／2以上を使用

当初はおにぎりやチルド弁当（丼）、スープなど一部の商品にマークをつけていたが、同年9月には、該当アイテムを10から20品目まで拡大。売り上げも前年比で二ケタ伸びた。

そもそも、ごはんものや惣菜、パスタなど「デイリー商品」と呼ばれる、日常の主食メニューをヘルシーにできるのは、創業当初からセブンが独自の専用工場を持っているからだ。メーカー任せではなく、自らチームを作って、メニュー一品一品の規格から製造方法まで踏み込んでオリジナル商品を作っていく。コンビニの食づくりの舞台裏には、そんな独自の仕組みがある。

表3　安全・安心の取り組み

	カテゴリー	取り組み内容
1997年	米飯・調理パン・惣菜・調理麺など	栄養成分表示開始（熱量・たんぱく質・脂質・炭水化物・Na）
2001年	米飯・調理パン・惣菜・調理麺など	保存料・合成着色料を使用しない取組みを開始
	ベーカリー	乳化剤・イーストフード不使用（パン生地）
2004年	ベーカリー・デザート	保存料・合成着色料を使用しない取組みを開始
2005年	調理パン・サラダ・調理麺	生鮮野菜の物流にコールドチェーン導入
2006年	ベーカリー	トランス脂肪酸低減
	調理パン・ベーカリー	ハム・ソーセージに保水・結着目的のリン酸塩不使用
2019年	デイリー商品	「糖質」「食物繊維」の表示開始

第3章　ローソン

1975年にオープンしたローソン1号店の売り場。アメリカンテイストにあふれ、パーティフーズなどの品ぞろえが充実していた

からあげクン（1986年）

業界トップの人気を誇るキャラクターといって間違いない。ローソンの「からあげクン」だ。1986年4月15日生まれ。累計販売数32億食超え（2019年6月現在）という実績は、ただモノじゃない。つねづね不思議な存在だと思ってきた。からあげクンの成長を見てきた同社の中食商品本部・本部長補佐の友永伸宏も「からあげクンほど、ファン層が劇的に広がっていった商品はない」と、話す。

発売当初のコアターゲットは若い男性。おやつに食べられるスナックメニューという位置づけで登場した。それがぐんぐん進化を遂げ、平成後半で根づいた糖質制限ダイエットブームの追い風もあって、すっかり「チキン＝ヘルシー」と、から揚げのイメージは様変わり。実際からあげクンは一食約200キロカロリー、糖質8グラム（5個入り ※チーズは9グラム）なので、ごはんの代わりに食べるという人も多い。

また5個入りという数も客層を広げた。家族や友だち間で「シェアして食べるスタイル」が重宝がられ、特にお母さんが小さな子どもと一緒に楽しむケースが多いという。今やからあげクンは老若男女に愛される、「おやつ&おつまみ&おかず」として活躍する万能選手に変身している。

からあげクンは30年以上も前、どのようにして誕生したのか？ 開発・製造を担当し続けているニチレイフーズの広域営業第一部長、太田崇は、80年代のマーケットの様子をこう話す。

「1980年前後、鶏のムネ肉はパサパサしていると消費者にあまり好まれていませんでした。とはいえ、高たんぱく質で低カロリーです。食べやすさや味付けの工夫次第でもっと好きになっていただけるのではないかと、社内でいろいろと開発を進めていたのです」

ローソンとタッグを組む前は、スーパーや弁当チェーン向けにから揚げの〝代替品〟のようなイメージで販売をしたという。でも、「鶏ムネ肉のから揚げ」は、なかなか定着しなかった。マクドナルドのチキンマックナゲットが全国販売を始めたのは84年。「鶏ムネ肉のから揚げをつまむ文化」は、日本にまだ定着していなかった。

「ですが、ローソンのご担当者から〝スナックタイプのから揚げがほしい〟とお声がけいただき、からあげクンの販売がスタートしました」（太田）

ローソンは、コンビニ業界の先陣を切って、79年に店内にフライヤーを設置していた。当時販売していたのは「アメリカンドッグ」、「ジャンボフランク」と、子どもや男性にウケそうなものばかり。コンビニという業態が「若い男性の店」だった時代性がよくわかる。

おやじから、妖精へ

「フライヤーを置いたのは、できたてのおいしさをお客さまにご提供したかったからです。その中で当時の担当者は、まったく新しいスナックメニューを世に出したいとニチレイフーズさんと組んだのでしょう」（友永）

当時は若者ウケをねらって英字がプリントされたおしゃれなパッケージだったが、実はニチレイフーズ社員が「英字新聞を折って作った」ものだったという。微笑ましい話だ。

それが90年に「おやじイラスト」のパッケージになる。思えば平成に突入していた90年は、バブル崩壊前夜だ。イケイケのサラリーマンをねらってのデザインだったのかもしれない。そして、２００３年に今の「ニワトリのように見えて、実は妖精のキャラクター」へと変わっていった。このキャラクターになったのは、たしか加盟店らの投票で決まったと記憶している。かわいらしくて、一層、子どもや女性ファンが増えた。

最初から売れた理由は、やはりおいしいからだ。基本のレシピと価格は、なんと今でも変わっていない。

ニチレイフーズによると「国産鶏ムネ肉が本来持つ肉のおいしさにこだわっている」という。そして最大の味のポイントは、店内で揚げるひと手間につきる。

「コンビニエンスストアのファストフードは忙しい消費者に手早く商品をご提供しないといけないため、短時間調理が求められます。そのため工場で商品を完全に加熱してしまう

初代「からあげクン」の包装。おしゃれな英字新聞調だった

「からあげクン」発売当初に出た「からあげおやじ柄」の包装。当時のコンビニユーザーが若い男性だったことがうかがえるユニークなイラストだ

のが一般的ですが、からあげクンは鶏肉のジューシーさを保つためにお店で最終調理をします。お店で丁寧に調理してくださっているおかげで、鶏肉の旨みが凝縮したから揚げができるのです」（太田）

今はどのチェーンでもフライドメニューは定番だが、パイオニアであるからあげクンを「調理する」手間を惜しまなかった加盟店の努力あってのヒットだ。利益を生む〝妖精〟には違いないが、売れすぎた時は大変だったことだろう。

さらに「（からあげクンが）ムネ肉だからこそ、成長できた」と、友永は分析する。

「味の濃いモモ肉と違い、ムネ肉は繊細な味。だから味つけしやすいんです。からあげクンがいろんなフレーバーにチャレンジし、いつの時代もお客さまにおいしさと楽しさを提供できてきたからロングセラーになりえたと思います」

第一号のレギュラーが出た後、88年にレッド、94年にチーズを発売。安定した人気を誇る3品を定番化し、その他、限定販売の「第4フレーバー」を出し続けている。フレーバー開発には、いくつものターニングポイントがあった。ざっくり記録したい。

〈バージョン1〉

90～2000年初め…試行錯誤してレギュラー、レッド、チーズを基本商品に決定。チーズは何度か発売したものの、定番化するまで10年かかった。

〈バージョン2〉

2005年…地域限定フレーバー販売開始。「愛・地球博」の開催に合わせ、愛知県で手羽先味を販売。

〈バージョン3〉

2007年…映画やアニメなどとのコラボ作戦を解禁。初めて映画「スパイダーマンII」とタイアップし、刺激的なブラックペッパー風味に。

〈バージョン4〉

2015年…1・4倍大きい「でからあげクン」を発売。以降、不定期で販売。

〈バージョン5〉

2019年…新しい技術で具材を入れられるように。5月に「あらびきペッパーマヨ味」を発売。以降、不定期で販売。

その他、爆発的に売れたものは、2011年に日本唐揚協会監修で作った第1弾「宇佐

ご当地Ｂ級グルメブームの波に乗って、からあげクン・ご当地シリーズが続々登場

しょうゆダレ味」、第2弾「名古屋手羽先ダレ味」、第3弾「中津しおダレ味」や、12年、１００種類目のフレーバーを記念して出した、食べるまで味がわからない「？味《はてな》」といった〝企画モノ〟だそうだ。

「はてな味は、社内でも正解を数名しか知りませんでした。でも、すでにツイッターが普及していた時期で、『これ、カルボナーラ味じゃん』↑正解。とか出回ってしまい、瞬く間にバレてしまいましたね。こうしていろんな企画をしても、お客さまがおもしろがってノッてくださる。からあげクンの強さは、ファンを巻き込む力なのかもしれません」（友永）

確かにそうだ。ローソンが得意とするＳＮＳで情報発信すれば、必ず予想以上の反響が湧く。販促担当も、さぞ楽しいだろう。２０１９年６月末現在、からあげクンフレーバーは２５８種以上にも上っている。

しかし、こんなに多くのフレーバーを作るニチレイフーズは大変だったろう。

「新たなフレーバーを作り出すのは困難の連続ですが、からあげクンは弊社にとって、ローソンさんのお店を通じたお客さまとの絆として大変重要な存在。これからも新しいことに挑戦したい。直近は、限定販売フレーバーの幅がさらに広がり、最近では那覇空港限定Ａ１ソース味（17年）、新千歳空港ガラナ味（18年）など、珍しい味も出しました」（太田）

こうした作り手のプライドはもちろん、ローソンの店と本部が一体となって楽しもう、盛り上げようとする姿勢が、長年、からあげクンを高く羽ばたかせている原動力だろう。今はからあげクンのファンクラブまである。

販売データが残る09年以降の「からあげクン売り上げ数順位」を記録しておこう（表４）。一位は意外なフレーバーだ。

と、〝からあげクン史〟は、これだけではなかった。決して順風満帆ではなかったことも正直に残しておきたい。失敗も多々あったそうだ。超がつく売れ筋のため、新作フレー

表4　からあげクン売り上げ数順位

順位	発売年度	月	フレーバー
1	2016年	5月	ドラゴンクエスト　ホイミ味(ガーリックマヨネーズ)
2	2014年	4月	山ちゃん手羽先味
3	2016年	4月	でからあげクン　夢のミックス味
4	2012年	8月	海鮮塩ダレ味
5	2012年	5月	北海道ザンギ
6	2011年	6月	宇佐しょうゆダレ味
7	2011年	8月	中津しおダレ味
8	2011年	7月	名古屋手羽先ダレ味
9	2012年	4月	博多明太マヨネーズ味
10	2011年	3月	明太マヨネーズ味
11	2011年	10月	タルタルソース味
12	2011年	12月	徳島すだち味
13	2016年	9月	こってり味
14	2014年	7月	ジョニー秘伝のしょうゆだれ味
15	2016年	6月	でからあげクン　幻の手羽先風味
16	2012年	7月	甘辛ごま味
17	2015年	6月	でからあげクン　4種のペッパー味
18	2017年	4月	ねぎ塩味ダレ味(中日本)
19	2016年	11月	バター醤油味(クィバター味)
20	2011年	1月	柚子こしょうマヨネーズ味

バーがコケた時、社内に走る衝撃はハンパない。

「最初の大失敗は、まだチーズが定番になる前、カレー味を出した時だと聞いています。衣にカレー粉を混ぜたわけですが、揚げると店内にカレーの匂いが充満してとんでもないと、即撤収したそうです」(友永)

当時加盟店は相当ザワついたことだろう。また、果敢にリニューアルしようとしたことが大いに裏目に出たこともあった。「衣をサクサクにしてみた」(01年)、「ムネ肉からモモ肉に変えたみた」(03年)も、「売れなかった」という。食べ応えがあって、ジューシー、そして薄ごろも。ずっと価格は当初と変わらず200円（税抜価格）のまま。令和へと時代が移っても、からあげクンは変わっちゃいけないのだ。

ただ同時に、第二のからあげクンを目指したチキンメニューもヒットへの道を走ってきた。2005年11月、フライドチキンからコンビニ業界で初めて骨を抜いた「ジューシーフライドチキン（骨なし）」を発売。その後、進化して、09年にスパイシーな骨なしフライドチキン「Lチキ」が誕生。発売1年で約8000万食を売り、念願かなって定番になった。後日、Lチキを挟む「バンズ」まで別売りされたから、かなり攻めていた。

13年には、「ローソン史上最高品質」を謳う骨つきの「黄金チキン」が仲間入り、このあたりからは、からあげクンとはやや別路線の「食事チキン」が台頭してきたように思う。ふだんのおかずは「Lチキ」や「鶏から」（12年発売）、クリスマスなどのハレの日は「黄金チキン」を仲間と囲む、というスタイルが定着してきた。こうしたコンビニチキンのトレンドは、158ページの「ファミチキ」の項でもふれたい。

コンビニのスーパー化

そして特筆すべきは、からあげクンという絶対王者がいるからこそ、ローソンのホットスナックケースと呼ばれている売り場が、より自在に変化していったことだ。チキンだけじゃない。ローソンは2010年から揚げ物惣菜を強化したが、特に東日本大震災後の変化は顕著だ。女性やシニアの来店が増えたコンビニの品ぞろえの多くは、「即食べるメニュー」→「食卓にのぼるメニュー」へとシフトしていった。昭和のころはジャンキーなファストフードと見られていたフライドメニューが、「おかず」として活躍していく。

ローソンの特徴をあげるなら、ド定番のラインナップだけでなく、消費者がちょっと驚く揚げ物を作るのが上手い気がする。例えば2013年に発売した「ゲンコツメンチ」一個150円、翌年に出た「ゲンコツコロッケ」は一個135円（どちらも発売当時）と、一般的なメンチ・コロッケに比べると価格はやや高め設定ながら、ネーミングどおり、女性のこぶし大ほどもあるビッグサイズで、あっという間に人気ものになった。「ゲンコツメンチ」は1年で約3000万個を売るヒットだ。

勝因は、オモシロネーミングに負けないクオリティーの高さだ。メンチは肉の旨みを凝縮させるためにホルモンをブレンド、衣をおいしくするため、工場でパン粉用の食パンを焼くほどのこだわり。コロッケも北海道産じゃがいも「キタアカリ」100%という力の入れようだ。こうした「どうやっても家庭では作れないし、揚げることもできない」メニューのヒットは、「コンビニ＝マイ台所」という考え方を消費者に芽生えさせたと見ていいだろう。今、「揚げ物をしない」家庭や「包丁やまな板もない」一人暮らし世帯は少なくない。

ローソンは18年を「夕夜間元年」と銘打って、晩の食卓に上るようなおかずのリニューアルに乗り出した。売り方もタイムセールをしたり、パック売りをしたり、小さなスーパーのような雰囲気になってきた。

現在カウンター周りの惣菜を担当する中食商品本部の植田啓太によると、「フライドフーズ売り場は、よりおいしさを求めて、もっと進化していくだろう」という。

1975年にオープンしたローソン第1号店で行っていた「デリの量り売り」といった「できたて」「作りたて」を追求した取り組みのような、別視点のことにもチャ

表5　フライドフーズの主な取り組み

1979年	フライヤー導入、フライドフーズ販売スタート
1986年	「からあげクン」発売
2006年	使用済み食用油のリサイクルを全店で開始
2009年	「Lチキ」発売
2010年	揚げ物惣菜を本格展開
2012年	「鶏から」発売
2013年	フライ用オイルをヘルシーオイルに変更。「黄金チキン」「ゲンコツメンチ」発売
2014年	「ゲンコツコロッケ」発売
2016年	「からあげクン」誕生30周年記念商品発売
2017年	「でか焼鳥」発売
2018年	「からあげクン」の小麦粉を100％国産に変更

レンジしたい考えだ。

そういえば18年末、ローソン本社近くの一店舗で、半自動でからあげクンをフライする「できたてからあげクンロボ」が試験的に稼働していたっけ。確かに、人手不足が叫ばれる昨今、そろそろ店内調理するロボットが出ても不思議じゃない。加盟店の負担が減るなら、むしろウェルカムだ。ただ、老舗の職人が店の味を代々守っていくように、からあげクンのジューシーでふわっとしたあのおいしさだけは、変わってほしくない。

おにぎり屋（2002年）

三角形に握った白いごはんのてっぺんから、にょきっと焼さけが顔を出す――2002年に発売された「おにぎり屋　焼さけハラミ」（160円）、「おにぎり屋　生たらこ」（130円）は、コンビニおにぎり界に衝撃をもたらした。

2000年初頭、世はデフレの真っ只中だった。マクドナルドが平日65円バーガーを売り出し、コンビニ各社もセールじゃないのに100円おにぎりを積極的に投入。「80円まで下げたこともあった」と、当時を振り返るローソン社員もいる。もはや採算度外視の価格破壊合戦の体だった。売っても売っても儲けは出ない。業界に漂うもやもやとした重い空気を、店に突如現れた「おにぎり屋」の青いのれんが一気に吹き飛ばした。すでにコンビニの顔になっていたおにぎりをブランディングするというチャレンジングな手法が、消費者の心と胃袋をわしづかみにしてしまったのだ。

和紙調の包装紙に包まれたおにぎり屋の「新潟コシヒカリシリーズ」は、コンビニおにぎりの価値を高めた立役者だ

「おにぎり屋」が世に放ったおにぎりは、何もかもが斬新だった。携帯性や簡便性を重視してきたかつてのコンビニおにぎりとは違い「ふっくらした、おいしいおにぎりをこだわって作った感」がすごかった。米は新潟コシヒカリ、塩は瀬戸内備前のにがり塩。具には骨がなく脂がのった鮭の腹の部分だけを使ったり、よくある焼たらこではなく生のたらこを使ったり。極めつけは、和紙調の包装紙でできたパッケージ。おにぎりは低価格が当たり前だった時代に、真逆の高級路線

を打ち出したわけだ。

結果、爆発的に売れた。まだ全国にローソンは5000～6000店舗しかなかったが、1年間で6億5000個以上も売れた。不毛な価格競争はもうやめだ。消費者は、「価格」よりもおいしさ・高品質といった「価値」ある商品を求めている——「おにぎり屋」の大ヒットで、当時そう開眼したビジネスパーソンも多いだろう。

そもそもコンビニおにぎり自体、製造技術が進歩した平成時代に劇的においしくなった。その中で「おにぎり屋」を別建てで記しておかなければと思ったのは、このブランドが単におにぎりをおいしくしたというだけでなく、ローソンという組織の再生に大きな影響をもたらしたストーリーを持っているからだ。

目指すは、おふくろの味

2000年、ダイエーに代わり、三菱商事がローソンの筆頭株主になった。新たに社長に着任したのは、当時43歳だった新浪剛史（現・サントリーホールディングス社長）。彼は着任初の朝礼で、社員にこう訴えた。

「みんなに愛されるおにぎりを作ってほしい」

その真意はのちほど明かすとして、その場で「キミやって」と開発リーダーを命じられたのが、米飯担当だった伊藤一人（現・理事執行役員、中食商品本部エグゼクティブスペシャリスト）だ。

1年を期限に、伊藤をリーダーとした「I　LOVE　ローソンおにぎりプロジェクト」（通称・おにプロ）が始動した。

「専任者は私だけで、あとは販促だったり、人事だったり、営業担当だったり、さまざまな部署から兼務でプロジェクトメンバーになった若い社員ばかり。みんな商品開発なんて一切やったことのない、素人集団だったんです。結果、それがよかった」

そう伊藤は振り返る。メンバーは社内約20人、社外約20人、計40人ほどの大所帯だった。全員で当時ブームだったおにぎり専門店に調査に行き、大胆にも店主に「どうやって握っているんですか」と直接指導を仰いだり、モニタリングに時間を割いたりしたという。

米と海苔と具でできているおにぎりは、一見簡単に作れそうに思えるが、大量生産のコンビニの場合、話は別だ。いかに工場で効率的に生産することができるか、成型や包装マシーンの開発から手をつけねばならない。また高品質の原料調達はたやすくない。

「私はすぐ、採算合わないよなぁ……と現実的に考えてしまっていたけど、ほかのメンバーは、怖い物知らず。おにぎりの中にハンバーグやとんかつを入れたらどうかとか、とんでもないことを言い出してました（苦笑）」（伊藤）

だが、しだいに〝プロ〟の伊藤も若い社員たちの勢いに感化され、ノリノリになっていく。何より、社長が「何も気にするな。みんなで好きなようにやれ」と、全面的に協力してくれたおかげだ。

「毎週10分間、社長室で直接、進捗状況を報告していたんですが、いつも『困ったことはないか』と聞かれた。もう時効なのでお話しすると、社内横断のプロジェクトを通じて組織の風通しをよくしようと頼まれていた。みんなで力を合わせる楽しさ、尊さに気づいてほしかったんだと思います」（伊藤）

「もう一度、『ローソンといえばおにぎり。おにぎりといえばローソン』とお客さまに思われるような、愛されるおにぎりを作ろう」と、みんなで誓っていたという。ほかにはないおにぎりをみんなで作り、ヒットさせれば、大きな自信になる。おにぎり屋の成功には「新生ローソン」の社運がかかっていた。

開発は、まさに「みんなで」だった。メンバーだけで考えていてはいけないと、加盟店向けに月1回発行している会報の中に「おにプロ行き」のアイデア募集ペーパーを挟み込み、全国のオーナーやパート、クルー（従業員）から「こんなおにぎりがほしい」といった意見を集めた。また社内では、全社員にパソコンが支給されたタイミングでおにプロ用の掲示板を作り、「あのおにぎり専門店がおいしかった」「こんな具はどうか」と誰もがいつでも、おにプロメンバーへ情報や意見を送信できるしくみを作った。

「いつしか加盟店さんも、社内も、みんなが毎日、どんなおにぎりを作ればいいかと考えるようになっていました。メンバーのところには、大量のおにぎり情報が入ってくるもんだから、みんな懸命に返事を書いていましたよ。ものすごい一体感でした」

と、伊藤は言う。議論の中、メンバーが賛同したのが「おふくろが作ったおにぎりが一番うまい」という意見だった。実はこれ、コンビニおにぎり全体が目指すところ。そこで、人が握ったようなふっくらとしたおにぎりを作ろう――とおにぎり屋のコンセプトが固まっていった。

「目指す方向が決まってからは、もう採算度外視で突き進みました。ごはんはおいしいほうがいいに決まってる。だったらブランドの認知度が高く、年間を通じて安定した品質をキープしていただける新潟コシヒカリがいいんじゃないか。人気具材の焼さけは、家庭で作る場合は、さけは固まりのまま入れることが多いから、家庭ではできないほぐしにしようとか。お母さんならどんな握り方で、どんな具をどんなふうに入れるのかなどと考えながら、商品規格を設計していきました」（伊藤）

それまで具はごはんの真ん中にギュッと押し込むように入れていたが、より大きな具を使用するために具をごはんとごはんで挟む〝サンドイッチ製法〟を開発。製造工場の機械を全とっかえしたという。

また予想外だったと振り返るのは、加盟店を含め、社内が異様に盛り上がったことだ。発売が近づくにつれ、「おにぎり屋ニュース」なる手づくり社内新聞で情報を共有。店からは「普通に新商品を出してはおもしろくない。店内にのれんをつけよう」とまで、声が上がった。一方、加盟店にはギリギリまで詳細を明かさず、大規模な商品展示会の場でさえ新浪が「いい商品ができています。期待してください」と訴えるだけに留めた。オーナーさんやクルーの「早く売りたい！」という気持ちを煽ったのだ。

そして、いよいよ発売直前、全国のスーパーバイザー（店舗経営指導員）が、担当する一店一店を回り、新しいおにぎりを自ら運んでオーナーさんたちに試食してもらった。1年間、みんなで考え、汗をかいて作ったおにぎりだ。さぞかしおいしかったことだろう。

発売初日。伊藤は心配で、朝8時に本社近くのローソン数店を見て回ったが、売り場におにぎりはひとつもなかったという。「発注ミスでは」と工場に問い合わせると、ちゃんと発送していると、返された。

「配送便が店に着くそばから、おにぎりが売れていってしまっていたんです。あんな爆発的な売れ方、経験したことがなかった」

あまりに売れすぎて、怖くなった。以降、原材料調達が間に合わず、品切れを食い止めるために伊藤は世界中を奔走することになるのだが、「うれしい悲鳴」だ。おにぎり屋のヒットで経営がV字回復した社内は、何をするにもみんながポジティブ思考になり、ものづくりが楽しく、やりやすくなったと当時を知る社員は口をそろえる。まさに、ローソンの平成商品開発史に残るレジェンドだ。

3年後、伊藤はおにぎり屋の担当をバトンタッチ。「のれん」は脈々と受け継がれていった。時代時代の嗜好に合わせた具材を開発し、全国のご当地ブームが定着した12年からは、地元の名物を使った「郷土《ふるさと》のうまい！」シリーズをロングセラーに育てた。初代と見た目は違っていくが、おいしいお米と厳選具材、ふっくらと人が握ったような口ほどけのよいごはん。おにぎり屋が育ててきた伝統は、大切に守られてきた。

だが、変化対応業のコンビニだ。守るばかりではない。2017年におにぎり屋は、15

年ぶりに大刷新した。原材料や炊飯・製法などすべてを見直し、ごはんのおいしさが際立つおにぎりへとバージョンアップ。驚いたのは、ずっと紺色だった「のれん」が朱色に変わったことだ。11代目の担当者は「変わった感」を最大限に出したかったのだという。

「世代交代ですよ。わくわくするようなおいしさを提供するおにぎり屋の伝統を守ってくれれば、自由にやってくれたらいい」

と、伊藤。「のれんの色が変わったのは、ちょっと寂しかったけど」と、明かしたことも記しておきたい。

異色・悪魔のおにぎりのヒット

そしてやっぱり「わくわく」が、おにぎり屋の真骨頂なのだと再確認したのが、「悪魔のおにぎり」(110円)の大ヒットだ。おかげで「悪魔シリーズ」は、麺やドリンクといった他のカテゴリーにまで拡大し、ローソンの看板へと育っている。

「悪魔のおにぎり」は2018年10月に発売、一時、20年間不動の売れ筋ナンバーワンの「シーチキンマヨネーズ」を抜き、半年で累計販売2900万食を突破した。大定番・パリパリ海苔の手巻おにぎりとは違い、「白ごはん」ではなく、白だしで炊いたごはんに天かすや天つゆ、ゴマ油等をまぜた「混ぜごはん」系。2017年に流行語大賞にもなった「インスタ映え」ブームも手伝って、近年、「歯につくからおにぎりに海苔はいらない」という若者が多い。「胡麻さけおにぎり」など、女性を中心に「混ぜごはんおにぎり」が人気を集めていることも、「悪魔のおにぎり」がヒットした背景だろう。

食べてみると、だしの利いた天かす入りごはんが後を引き、止まらないおいしさだ。2017年ごろに、おいしすぎて延々と食べられるとして「無限ピーマン」というメニューが流行ったが、そんな感じ。それをあえて大胆にもネガティブな「悪魔のおにぎり」というネーミングにした遊び心もSNS世代に刺さったのだ。

ローソンの平成最後の大ヒット作と言っていいのではないだろうか。「悪魔のおにぎり」は、一時ツナマヨをしのぐ人気だった

平成から令和の時代の変わり目に、「おにぎり屋」の10代目になった中食商品本部の大澤勝司は、おにぎり屋の今後は平坦ではないと考えている。〝開店〟から17年、おにぎりをめぐる環境が大きく変わってきたからだ。コンビニおにぎりはもはやおいしくて当たり前。中食ニーズの増加や昨今の健康志向の高まりで、

主食は「ごはん」だけではなくなった。
「異業種が競合に加わってきただけでなく、最近はパンや麺類、惣菜など、店内の商品が主食の座を争う『社内競合』も増えている。ローソンの看板としておにぎり屋は、どんどん仕掛けていきますよ」（大澤）

　これからのおにぎり屋の開発に重要なのは、伝統を守るだけではなく、「驚き」と「地域性」だという。「悪魔のおにぎり」にあおさと鰹ぶしを入れてよりリッチに改良したり、唐辛子・辛みそ・練りごま・花椒《ホアジャオ》・ラー油を加えた「悪魔のおにぎり（四川風担々麺味）」（140円）を発売したりと、攻めている。

　取材をした2019年4月下旬、売り場に20〜30品目並ぶおにぎりの売れ筋トップ5は、1位「手巻おにぎり　シーチキンマヨネーズ」、2位「悪魔のおにぎり（四川風担々麺味）」、3位「手巻おにぎり　焼さけ」、4位「新潟コシヒカリ　焼さけハラミ」、5位「手巻おにぎり　日高昆布」。次いで6位が「悪魔のおにぎり」と、大定番の中でも、新風おにぎりは健闘している。

「世の中、多様化している。例えばシニア層が梅や昆布といった定番を選ぶとは限らず、ひとりひとりの価値観に合ったおにぎりを作っていかなければ、ファンを獲得できない時代です。ビッグデータを解析して、どんなおにぎりが受け入れられるのか、嗜好に沿った攻め方も見えてきました。常に進化してこそ、おにぎり屋だと思うんです」

19年4月には、新潟コシヒカリ米と厳選した国産米を配合した「金しゃり」シリーズが仲間入り、味にこだわる女性やシニア層に好評だそうだ。こうして海苔なしの混ぜごはんものもあれば、もち麦を使った健康系、ごはんそのもののおいしさを極めたシリーズなど、売り場に並ぶ商品の幅はぐっと広がった。17年前、驚異的な勢いで市場を席巻したおにぎり屋。その未来に注目していきたい。

プレミアムロールケーキ（2009年）

平成の時代、大化けしたコンビニ商品カテゴリーは「スイーツ」だ。日常的な取材を通じて、これほど熱狂的に話題に上るようになったカテゴリーは、ほかには記憶にないし、ヒットを巻き起こした時の瞬間風速は、おにぎりよりすさまじい。

だいたい平成の半ばくらいまでは「コンビニスイーツ」なんてこじゃれた呼び方はされていなかった。業界ではフツーに「デザート分野」と言っていて、大ヒットまではいかなくても、コンビニヘビーユーザーだった甘党男子ご用達の「プリン・シュークリーム・エクレア」の売れ筋3兄弟があれば、売り場は成り立っているように見えた。

それが突然、女性客からも支持を得る売り場に変身した。きっかけは、2009年、ローソンが発売した「プレミアムロールケーキ」の大ヒットだ。

「テスト販売ではそこそこの売れ行きだったため、ある程度期待はしていましたが、発売したとたん、口コミ等で爆発的に売れました。想像以上の売れ行きだったので、社内中、びっくりしていました」

当時から広報セクションにいる女性社員は、こう振り返る。今は定番中の定番なので気に留める人は少ないだろうが、10年ほど前、丸いスポンジの中に生クリームがたっぷり入った「個食」のロールケーキがコンビニに並ぶとは、誰も想像していなかった。しかもスプーンですくって食べるなんて斬新！　この「目新しさ」だけがウケた理由だとするならば、商品の移り変わりの早いコンビニの売り場で、10年間も生き残っているはずはない。

当時の様子を知る、ドライ商品本部加食・菓子部部長の高尾憲史は、こう話す。

「売れた理由は、やっぱりおいしいからですよね。実際、それまではスイーツ専門店とコンビニデザートでは品質に差があった。大量生産だから仕方ないといった雰囲気が、我々の業界全体にあったんだと思います。でもお客さまは違った。おいしいものがリーズナブルな価格で近所に売っていれば、新しい価値としてとらえ、積極的に受け入れて下さった。プレミアムロールケーキのヒットは、『コンビニだから仕方ない』ではなく、『おいしくて、価値あるものを作り出せば、ヒットは生み出せる』ことを証明してくれました」

素朴な疑問だが、なぜ、「ロールケーキ」だったのか？　高尾によると、デザート改革は当時の「驚きの商品開発プロジェクト」の一環だったという。

そうだった。リーマンショック後、世の中に節約志向が高まり、コンビニ業界でも100円惣菜といった廉価なシリーズが流行ったことがあった。ローソンも100円のサラダなどを「バリューライン」という名称で出していた。一方で、多少値は上がっても質のいいモノを選ぶ消費者もいた。この「消費の二極化」に応じて、ローソンは「ちょっとイイもの」を作ろうという〝品質重視〟の「驚きの商品開発プロジェクト」を立ち上げたと記憶している。対象となったカテゴリーは、弁当・おにぎり・パスタ・デザートだった。

話をもとに戻そう。デザートの〝驚き開発〟には、ミッションがあったという。ターゲットを女性に置くこと。今でこそコンビニ利用客の男女比は、ほぼ五分五分になったが、10年前までは、8：2か7：3くらいだった。つまり、新規の女性客を増やすことが成長の鍵だった。1986年、男女雇用機会均等法が施行されて以降、女性の働き方は変化の一途。忙しくなる女性たちにとって、深夜も開いているコンビニは暮らしの救世主となっていく。仕事の後、甘いデザートで癒されたい。ローソンは、そんなニーズに応えようと考えた。

極上の生クリーム作り

まず「コンビニデザートの課題」をあぶり出した。消費者の声を集めると「生クリームがおいしくない」という声が多かった。そうそう。昔のクリスマスケーキのクリームは、口どけがよくなかったよね、と昭和生まれのミドル世代は共感することだろう。

「昔のコンビニデザートは、店舗に配送することなどを考慮して、硬めに仕上がる植物性油脂のクリームを使うことが常識でした。開発チームは、そこにメスを入れたんです。とことんおいしい生クリームを作ろうと」（高尾）

目指すは、とびきりおいしい生クリーム。開発にあたってプロジェクトリーダーほか、どちらかというと素人感覚のあるスイーツ好きな社員、協力工場の開発担当者など数名でチームを作った。そして数千種類に及ぶ、乳脂肪分38〜47％ほどのハイグレードな生クリームを来る日も来る日も試食したという。開発に熱が入れば当然、メンバーの体重も〝増量〟したが、とにかく必死だったため気にしなかった。結果、傾向の違う3種類をブレンドし、ふわっと軽いオリジナル生クリームの開発に成功した。

生クリームをスプーンで食べるという新発想が女性に刺さった「プレミアムロールケーキ」。毎月22日発売の商品には苺が載っている（カレンダー上、22日の上は15日だから）

ここからがポイントだ。良質な生クリームができたなら、ショートケーキといった華やかなデザートを作る手もあったはずだ。なのに地味なロールケーキを選んだことに、ロングヒットの芽があったのではないか。

「当時、ロールケーキが流行っていたからですよ」（高尾）

えっ、流行に乗っただけ？　と思うかもしれないが、違う。プレミアムロールケーキは、フツーのロールケーキじゃない。改めて商品を見てほしい。文字で表現するのは難しいが、スポンジを「の」の型に巻いてあるのではなく、くるっと「〇」型にしてある。その真ん中にたっぷりと生クリームを詰め込んだ、全く新しいデザートなのだ。

このカタチに行き着いた真相を追ってみると、結構ラッキーな偶然があったことがわかった。流れをざっくり書き出すと……「生クリームをスポンジにたっぷり挟みたい」→「クリームがやわらかくてスポンジでうまく巻けない」→「巻けても、ふわふわすぎるため一個ずつカットできない」→「カットできても、ロールケーキを皿に盛ったら倒れてしまった」→「最初から倒れたままなら、丸く形作ったスポンジの中に生クリームを充填すればよい。そうすれば巻く必要がない！」と、どんどんアイデアがつながっていったという。

確かに、1本のロールケーキをカットして食べる時、皿に横たわっていたほうが食べやすい。こんな些細な点を見逃さず「おいしい＋食べやすい」という利便性にも長けた新商品を生み出す「勘所」があるのがコンビニの強みだ。

SNSが火をつけた！

ちょうどSNSのツイッターが普及しだしたタイミングだったのが追い風になった。プレミアムロールケーキは、発売後たった5日で100万個が売れる大ヒットに。まもなく他チェーンでもロールケーキが並びだし、コンビニロールケーキブームを巻き起こした。このあたりから、デザート売り場が一躍注目されはじめ、メディアがこぞって「コンビニスイーツ」と呼び始めたと記憶している。

実際、ローソンの〝スイーツ推し〟は群を抜いていた。プレミアムロールケーキ発売と同時にオリジナルデザートを「Uchi Café（ウチカフェ）SWEETS」とシリーズ化、「いつでもおうちがカフェになる」をコンセプトに、商品開発に注力していく。過去にもデザートカテゴリーをブランディングした先例はあったが、「女性客ねらい」「品質重視」「コスパがよい」と、開発の軸がぶれなかったからだろう、ウチカフェは、コンビニスイーツの代名詞として、すっと市民権を得てしまった。

おいしい生クリームを武器に、シュークリームやエクレアといった定番もリニューアル。定番を支持する甘党男子の胃袋も離さない作戦だ。プレミアムロールケーキ発売1周年のニュースリリースには「オリジナルデザートを購入されるお客さまのうち、女性の割合は約38％から約43％へ上昇、売上高は、年間平均約6割伸びました」とあったし、「発売か

表6　ロールケーキ発売商品一覧（2009〜）

NO.	発売（年）	発売（月）	商品名
1	2009	9	プレミアムロールケーキ
2	2010	2	プレミアムチョコロールケーキ
3		4	チーズロールケーキ
4		5	宇治抹茶ロールケーキ
5		7	レアチーズロールケーキ
6		8	栗と芋のロールケーキ
7		9	生キャラメルロールケーキ
8		10	苺のロールケーキ
9		10	紅茶のロールケーキ
10		12	宇治抹茶と黒胡麻のロールケーキ
11		12	あまおうのデコロールケーキ
12		12	チョコのデコロールケーキ
13	2011	1	あまおうのロールケーキ
14		2	きなこと黒みつのロールケーキ
15		3	ブルーベリーとチーズのロールケーキ
16		4	ピスタチオとフランボワーズのロールケーキ
17	2011	5	宇治抹茶のロールケーキ
18		6	レモンとレアチーズのロールケーキ
19		7	ピンクグレープフルーツとグァバのロールケーキ
20		7	ブルーベリー&チーズのロールケーキ
21		8	和栗のロールケーキ
22		9	レモンとレアチーズのロールケーキ
23		9	モカロールケーキ
24		10	芋三昧のロールケーキ
25		11	柚子とジンジャーのロールケーキ
26		12	あまおうのデコロールケーキ
27		12	チョコのデコロールケーキ
28		12	黒豆と栗芋のロールケーキ
29	2012	1	あまおうのロールケーキ
30		1	紅茶のロールケーキ
31		2	黒蜜とわらび餅のロールケーキ
32		2	ロールケーキ総選挙・苺とレアチーズのロールケーキ

NO.	発売月（年）	（月）	商品名
33	2012	3	桜とつぶ餡ロールケーキ
34		4	宇治抹茶のロールケーキ
35		5	カシスとレアチーズのロールケーキ
36		6	レモンとチーズのロールケーキ
37		6	モカロールケーキ
38		7	夕張メロンのロールケーキ
39		8	トロピカルフルーツのロールケーキ
40		9	栗のロールケーキ
41		10	カスタードとクラッシュカラメルのロールケーキ
42		10	ブランのロールケーキ
43		11	えびすかぼちゃのロールケーキ
44		11	ブランのロールケーキ（コーヒー）
45		12	黒豆抹茶ロールケーキ
46		12	ブランのロールケーキ
47	2013	1	苺のロールケーキ
48		1	ブランのロールケーキ（紅茶）
49		2	2種のいちじくとクルミのロールケーキ

NO.	発売月（年）	（月）	商品名
50	2013	3	コナコーヒーとマカダミアナッツのロールケーキ
51		4	ざくろのロールケーキ
52		4	宇治抹茶のロールケーキ
53		6	プレミアムロールケーキspハーフ&ハーフ
54		7	レアチーズロールケーキ
55		9	マロンのロールケーキ
56		9	フルーツデコロール
57		9	チョコデコロール
58〜65		10	「プレミアムロールご当地ハーフ&ハーフ」（全8種）
66		10	ピュアロールケーキ
67		10	かぼちゃづくしのロールケーキ
68		12	生チョコとフルーツのデコロール
69		12	苺とフルーツのデコロール
70	2014	1	あまおう苺のロールケーキ
71		2	アロエ入りヨーグルトクリームのロールケーキ
72		3	日向夏とはちみつのロールケーキ

NO.	発売（年）	発売（月）	商品名
73	2014	4	グリーンスムージーのロールケーキ
74		5	宇治抹茶ミルクのロールケーキ
75		6	バラのロールケーキ
76		7	チョコとバナナのロールケーキ
77		8	塩とレモンのロールケーキ
78		10	チョコとマシュマロのロールケーキ
79		11	ピュアロールケーキ（クリスマスお試し）
80		12	クリスマスツリーロール
81	2015	1	あまおう苺のロールケーキ
82		3	自分でつくるリラックマロールケーキ
83		4	自分でつくるコリラックマロールケーキ
84		6	【40周年】国産メロン盛りだくさんロールケーキ
85		8	自分でつくるコリラックマロールケーキ
86		9	フルーツロールケーキ
87		11	苺のプレミアムロールケーキ（クリスマスお試し）
88	2016	1	あまおう苺のロールケーキ
89		2	桜と大納言のロールケーキ

NO.	発売（年）	発売（月）	商品名
90	2016	4	レモンとフロマージュブランのロールケーキ
91		5	伊勢茶のロールケーキ
92		6	熟成宇治抹茶のロールケーキ
93		6	八女茶のロールケーキ（地域限定商品）
94		8	ブルーベリーとチーズのロールケーキ
95		9	青森県産りんごとキャラメルのロールケーキ
96		10	えびすかぼちゃのロールケーキ
97		11	和栗のロールケーキ
98		11	きよら卵のプリンロールケーキ
99	2017	1	あまおう苺のロールケーキ
100		2	ナッツ香るロールケーキ
101		2	ホワイトチョコレートのロールケーキ
102		4	熟成宇治抹茶のロールケーキ（碾茶入り）
103		4	（子供の日）らいおんのロールケーキ
104		6	UC×GODIVA ショコラロールケーキ
105		7	UC×アイスモンスター マンゴーのロールケーキ

NO.	発売月（年）	発売月（月）	商品名
106	2017	8	スパイス香るチャイロールケーキ
107		9	五郎島金時と黒胡麻ロールケーキ
108		10	かぼちゃ&紫芋のロールケーキ
109		10	UC×GODIVA キャラメルショコラロールケーキ
110		12	紅白ロールケーキ
111	2018	1	あまおう苺のロールケーキ
112		2	塩キャラメルとナッツのロールケーキ
113		2	桜と抹茶のロールケーキ
114		3	UC×八天堂 カスタードくりーむロールケーキ
115		3	苺とピスタチオクリームのロールケーキ
116		5	宇治抹茶と丹波黒豆のロールケーキ
117		6	UC×GODIVA ショコラロールケーキ
118		7	フルーツロールケーキ
119		8	UC×八天堂 カスタードくりーむロールケーキ
120		9	ルビーチョコレートのロールケーキ

NO.	発売月（年）	発売月（月）	商品名
121	2018	10	カラフルユニコーンロールケーキ
122		12	紅白ロールケーキ
123	2019	1	いちごづくしロールケーキ（あまおう苺のせ）
124		1	濃深生チョコロールケーキ
125		2	スイーツ甲子園 晩柑ロールケーキ
126		3	UC×八天堂 かすたーど苺ロールケーキ
127		3	UC×八天堂 かすたーど苺ロールケーキ（いちごのせ）
128		4	濃い茶ロールケーキ
129		4	ルビーチョコレートのロールケーキ
130		5	UC×PABLO チーズロールケーキ
131		6	UC×GODIVA チェリーショコラロールケーキ
132		7	マンゴーとパッションフルーツのロールケーキ
133		7	輪切りレモンロールケーキ

ら約19カ月で累計販売1億個を突破」のニュースが流れた。まさに「ローソンのスイーツといえば、プレミアムロールケーキ」という時代が訪れた（表6）。

だがめでたしめでたし、ではない。平成後半からデザートやベーカリー開発のリーダーを務めているデイリー部シニアマネジャー、坂本眞規子はこう振り返る。

「ウチカフェの数字は順調に伸びましたから、デザートは、積極的に商品開発ができる環境が整っていきました。でも、プレミアムロールケーキの成功体験が大きすぎたんでしょうか、なかなか次のヒットに恵まれず、悩んだ時期もあったんです」

伸び悩んでいたとは、意外な話だ。2011年からは淹れたてコーヒー「MACHI café」が立ち上がり、ローソンのスイーツ売り場はノリノリだと見ていたからだ。

「デザートって主食じゃないから、お客様のニーズをとらえることがとても難しい。歴代のデザート担当者は、そう痛感していると思いますよ」（坂本）

デザートは嗜好品だ。極端な話、食べなくても生きていける。それを「買いたい」と思わせるには、「おいしい」だけじゃ足りない。何か、ワクワクする魅力的な付加価値がなければ――それが坂本の持論だ。

もちろん、プレミアムロールケーキに続く、ヒット作はあった。例えば12年に発売した

「ぎゅっとクリームチーズ」（130円）は、楕円状の小ぶりな見た目からは想像できない濃厚な風味で人気を博し、食事のあとに「おいしいスイーツをちょっと食べたい」ニーズにマッチ。発売から6日間で100万個を超える販売をマーク。

翌13年には、しっとりとしたスポンジ＋とろっとろのプリンという食感の妙が斬新な「プレミアム　四角いプリンのケーキ」（150円）がヒットした。

「これまでのコンビニスイーツになかった価値と高品質な点が受け入れられたのだと思います。残念ながら、今は販売していません」

と、坂本。限られたスペースの売り場に並び続けるのは容易ではない。

ゴディバにもコスパを求める消費者

その後の話題商品は？　と考えると、2017年まで飛ぶ。ゴディバとのコラボレーションが衝撃的だった。バレンタインデー向けにゴディバ商品をギフト扱いした事例はあったが、コンビニのPBスイーツを一緒に作ってしまうなんて例はなかった。業界中がざわついた。

「これまで生クリームが主役のデザートが多かったから、次はチョコレートだよね、という考えは以前からありました。その品質を誰もが認めるゴディバさんと組めたことはローソンにとって有意義でしたね。学びや発見が多かった」（坂本）

コラボ第一弾は「Uchi Café SWEETS × GODIVA ショコラロールケーキ」（395円）。「コンビニスイーツの価格設定は高くても200円台が目安」という業界の常識を思えば、高い。当時ロールケーキは104種類出ていたが、その中の最高価格だった。

予想以上に売れた。3週間で250万食限定といっていたのが、発売後2週間で完売。この時、はっとしたものだ。消費者が重視したのは「コスパ」だった。コンビニでは高いと思う400円のスイーツも、ブランド力のあるゴディバ製と思えば安い。この「質×価格」のバランスこそ、舌の肥えたスイーツ好きの心に刺さったのだ。嗜好品のスイーツも、いよいよ「コンビニだから（質はそこそこでもいい）」は通用しない時代になった。

ゴディバシリーズは、18年の七夕期間に1080円のショコラケーキを出したり、冬にホットドリンクを作ったりと話題をさらい、累計販売2100万個以上と安定した人気を誇っている。

謎のスイーツ大ヒットのワケ

コンビニスイーツの最高峰を記したつもりだったが、ローソンのスイーツヒット記録は、2019年に塗り替えられた。読者もまだ記憶に新しいだろう。〝バスチー〟だ。

正確には2019年3月に発売になった「バスチー　バスク風チーズケーキ」（215円）。平成最後に生まれた、コンビニの大ヒットスイーツとして記録しておきたい。坂本によると「バスチー」には、ヒットを誘うさまざまな仕掛けがあったそうだ。

インスタ映えするかわいいパッケージと、本格的なおいしさが多くの女性から支持された「バスチー」

「それまでローソンはチーズケーキが弱かったんです。人気アンケートでは、スイーツのチーズケーキはいつも上位に来るのに、定番を出せていなかった。だからロングセラーになることを意識して作りました。それが、あ

れほどヒットするとは」（坂本）

平成の後半、「売れる」スイーツのトレンドは様変わりしていた。

「プレミアムロールケーキが出た時は〝おいしさ〟が最重要でしたが、10年経って〝インスタ映え〟が求められるようになった。見た目のおもしろさや話題性がなくては、売れない時代になったんです」

と、坂本は解説する。だから、フツーのチーズケーキは作りたくなかった。リサーチすると、フランスとスペインの国境をまたぐバスク地方でよく食べられている「バスク風チーズケーキ」が、ある専門店の看板商品になっていた。また、実際に社内の開発担当者がバスク地方に視察に行ってみると、現地のチーズケーキはレアでもベイクドでもない食感で、おもしろい。この「おもしろい」が開発魂に火をつけた。

だが大量生産のコンビニの場合、これまでなかった商品を完成させる道のりはたやすくない。バスク風チーズケーキは、上面と底面の焦げたカラメルの苦味が命、中はしっとりなめらかな口どけでなくてはならない。上下の温度を微妙に変えるなど、細かく火加減を調節した。

「北海道産生クリーム、クリームチーズ、牛乳と原材料や風味の方向性が決まった後、火

加減など、全国の製造工場で合わせるのが難しかったです」（坂本）

複数の工場で作っているので「焦げ目」の色に多少違いがあるのはご愛敬。これが逆に「手づくり感がいい」と支持を集め、また売れた。

結果、バスチーは発売後3日間で販売数100万個を突破（プレミアムロールケーキは5日間かかった）、4カ月で累計販売数1900万個超え（19年8月末現在）と売れ続けている。19年10月にはセブンも「バスクチーズケーキ」を発売。「バスチー」はコンビニスイーツとして定着した。

改めて、坂本に聞いてみた。バスチーは、なぜプレミアムロールケーキを超えることができたのか？

「おいしさはもちろんですが、最初からマーケティングの担当者も入れて開発してきましたから、印象的なネーミングなども効果的だったと思います」

と、言う。今の時代、スイーツ販売の初動で欠かせないのは「SNSで拡散する仕掛け」だそうだ。

商品の品質だけでは爆発的なヒットにはつながらなかっただろう。バスク風チーズケーキを「バスチー」と縮めて命名したのがSNS世代にウケた。上質さを演出するため、カップに入ったスイーツが多い中、あえてポップなデザインの袋に入れたカジュアル感もよかった。

「プレミアムロールケーキが150円。それより少し高い215円でも売れたことに驚きました。やはりおもしろさ、新しい価値があれば、今のお客さまに手に取っていただけると証明できました」

と、坂本。同時に発売した「ザクシュー　ザクザクチョコシュー」(195円)も好評を博した。

こうして個性的なネーミングの新感覚スイーツは、すっかりローソンの代表格となり、続いて投入したもちもち食感の「どらもっち(どら焼き)」や「サクバタ(バターサンド)」、和+洋菓子の「モチーズ」などがヒットしたことは記憶に新しい。

ローソンの快進撃で令和時代のコンビニスイーツは、おいしくて当たり前、プラス、つい人に自慢したくなるようなおもしろさ、かわいらしさ、驚きがあることがヒットの法則であることが実証されたと思う。

だが、ヒット作がいつまでも先頭を走るわけではないのが、コンビニメニューでもある。ローソンは、それをよくわかっている。スイーツ売り場の変革にも積極的だ。

「プレミアムロールケーキは、毎日必ず売り場にある〝最後の砦《とりで》〟として定着していますが、実は私たちが推奨する和洋スイーツは約40品目あるんです。そのため、お店がお客さまに何をオススメしていいのか迷うことがある。だから今後は、ローソンのおすすめスイーツを作っていきたい。そうすればお店の方々も、売り場を作りやすいでしょう」（坂本）

確かに製造技術が進歩し、スイーツの品ぞろえはぐっと増えた。でも結局、自分のお気に入りに戻ってくるのが、男性によく見られる行動パターンだ。季節や時代が移ろいでも、外せないコンビニスイーツがある。ロールケーキに、バスチー、ザクシュー、どらもっち……あなたは何を推してましたか？

ブランパン（2012年）

話題に上る商品が出れば、遅かれ早かれ他社も追随するのが小売業界の常だ。でも2012年にローソンが展開しだした「ブランパン」は別格だ。ローソンではシリーズ化まで

「ローソン＝健康コンビニ」のイメージを育てた「ブランパン」。改良を重ね、しっとりとした食感になった

して、ブランパンメニューを増やしているが、セブンやファミマで同様の本格的な動きはない。

穀物の外皮（ふすま＝ブラン）を配合して作るブランパンは、小麦粉を使ったパンよりも糖質含有量が低く、ミネラル分が多くてヘルシーだ。最近は、健康を気遣う老若男女が手を伸ばすふだん使いのパンのようになってきたが、発売当初は疾病やダイエットで糖質を制限している人向けの「ザ・健康パン」という、レア感があった。

しかし、平成のコンビニヒット商品に思いを巡らせると、ブランパンは外せない。少子高齢化が進み、人生100年と言われだした平成時代、コンビニに求められたニーズのひとつは、間違いなく「健康」だった。それに応じて、いち早くヘルシーなパンを作ろうとした姿勢は、コンビニの未来図を描くヒントになった、と思うからだ。

ブランパンの開発話は後ほど記すとして、まずはローソンの健康への取り組みをまとめ

表7　ローソンの健康への主な取り組み

2000年8月	病院内コンビニ「ホスピタルローソン」1号店オープン
2001年7月	「ナチュラルローソン」1号店オープン
2003年12月	店内に調剤薬局を併設した「ファーマシーローソン」1号店オープン
2009年10月	OTC医薬品販売店舗の本格展開
2010年8月	ローソンとクオールによる調剤薬局併設型店舗オープン
2012年6月	ブランを使用したパン発売
12月	社員の健康をサポートする「健康アクションプラン」制度開始
2013年10月	コーポレートスローガンを「マチの健康ステーション」に変更
10月	「ヘルスケアローソン」展開開始
11月	「おいしく楽しく適正糖質」を推進する、一般社団法人 食・楽・健康協会に加盟
2014年5月	健康志向に配慮したナチュラルローソンブランドの菓子シリーズ発売
2015年4月	店内に介護相談窓口やサロンスペースを併設した「ケアローソン」1号店オープン
5月	ナチュラルローソンブランドチルド飲料「グリーンスムージー」発売
2017年9月	糖質が34・0グラム以下（1食あたり）の冷凍食品発売（ナチュラルローソンブランド）
2018年1月	糖質をおさえ健康な身体づくりをサポートする健康セットメニューの提案などの実証実験を行う店舗を、東京・丸の内に期間限定でオープン
5月	病院内コンビニ「ホスピタルローソン」300店舗目オープン
8月	ヘルスケアローソン店内に栄養相談窓口の設置店1号店オープン
2019年2月	1食あたりの糖質量40グラム未満の主食（弁当・調理麺）を発売

ておく。なぜ、ブランパンをオリジナルで作ったのかが理解できる。（表7）

今、消費マーケットに「健康」視点は欠かせないが、昭和〜平成前半まで人々がコンビニに求めたのは、いつも開いている「利便性」や新商品・限定販売品が次々と出る「斬新さ」だった。その中で、早くからヘルシー志向に着目したローソンの商品開発に大きな影響を与えてきたのが、表にもある「ナチュラルローソン（NL）」だ。美と健康に特化したセレクトショップのような品ぞろえは、一般的なコンビニと路線を画し、女性客から圧倒的な支持を得ている。ブランパンしかり、その他ヘルシーなヒット商品を生み出してきたのは、「NLで培った知見があったから」とローソン社員の多くが口をそろえる。

勤続35年以上になる商品戦略部の参事・大髙敏夫によると、「NLは社内公募で決まった新規事業だった」という。ある男性社員が体調のすぐれない妻を思い、「身近な場所で健康にいいものが買えるお店を作りたい」と、企画を出した。それが通ったわけだ。2000年代初めは、日本はデフレ下だ。健康にいいけれど、ちょい高商品が並ぶコンビニがやっていけるのだろうか？　と、筆者は見ていた。実際、都市部に集中した店舗は、なかなか増えていない（19年9月末現在、142店）。だがそれでもNLの運営を続けてきたことが、ローソンの「健康経営」につながっていると思う。

社としての方針を背景に、ブランパンを発売した経緯を「おにぎり屋」の立ち上げにも携わった伊藤一人（105ページ参照）に聞いた。「おにぎり屋」をはじめとした中食開発を担当した後、社内で健康プロジェクトを立ち上げたそうだ。

「ローソンは13年に『健康宣言』をし、お客さまや社員の健康を推進する取り組みを強化しました。その直前ごろです。健康にいい商品を開発するプロジェクトを立ち上げました。〝健康的な食事〟ってどんなものだろう、どうやって作ればいいのか——社員のベクトルを合わせるためにコンセプトを考えだしたんです」（伊藤）

世相を振り返ってみてほしい。90年代から市場に「トクホ（特定保健用食品）」が出回り、2008年からメタボ健診（特定健康診査）が始まり、2010年ごろからは糖質制限という言葉を目にしだした。コンビニにも〝健康〟が求められて当然の時代がやってきたのだ。

多くの医療関係者や専門家から学び、伊藤ら数人のメンバーは「健康な食事を実現するための10カ条」を定めていった。

一、野菜を食べよう
二、糖質をコントロールしよう

三、たんぱく質を摂ろう
四、塩分を控えよう
五、うれしい低カロリー
六、素材のおいしさを食べよう
七、腸内環境を整えよう（食物せんいを摂ろう）
八、良質な脂質を摂ろう
九、添加物削減
十、機能性食品を摂ろう

これを「ローソンの身の丈に合った健康的な商品づくりの指針」として社員で共有したという。

「健康にいい商品を作ろうと社内で啓蒙活動をする中、部下にブラン（小麦などの外皮・ふすま）を使った商品を作りたいと手を上げた者がいました。よしやろうとなったわけです」（伊藤）

筆者もよく覚えている。ブランを使った菓子パンなどが4種類出たなと思ったら、売り場から消えることなく、数年後には、ブランのロールパンや食パン、メロンパン、カレーパンなどと、種類がぐっと増えた。

健康志向VSおいしさ

２０１３年、ブランパンを大幅リニューアルした中食商品本部デイリー部の村田文子は、経緯をこう振り返る。

「発売後1年くらい、あまり売れませんでした。でもご病気で糖質を制限されている方々から『ローソンでしか買えないので、絶対になくさないでほしい』といった声を続々ちょうだいしましたし、リピート率が非常に高かった。当時のトップ（新浪元社長）が『（ヒットしなくても）続けよう』と強く推してくださったこともあり、私たちも奮起したんです」

儲けは少なくても、必要としているお客さまのためにとブランパンを出し続けたのだろう。商品の流行りすたりが速いコンビニでは珍しいケースだ。

売れなかったのは、厳しいことを言って申し訳ないが、やっぱりおいしくなかったからだ。ブラン独特の草っぽい香りが苦手な人もいた。村田はそれに気づいていて、オーツや米、大麦などの外皮をブレンドしてリニューアル。しっとり、ふわっとしたパン生地に変

健康飲料として注力したコンビニスムージーはここから始まった。ローソンの「NLグリーンスムージー」

身してびっくりした。

さらに毎年リニューアルを重ね、7回目の改良時（18年）には、ブランを使った「ジャムパン」や「サラダチキンマヨネーズ」「パンケーキ」など、一般的なコンビニベーカリーに劣らない品質とラインナップに進化。もはや「ちょっと糖質やカロリーを抑えたいな、という時に手が出せる」カジュアルなシリーズになっていた。味も昔とは比べ物にならないほど、おいしくなっているので、消費者は健康イメージだけでなく、好んで買っているのかもしれない。すっかり売り場の顔になったブランパンシリーズは、糖質やカロリー表示をさらに大きく明記して、今もパン売り場にずらりと並んでいる。

もうひとつ、忘れてはならないヘルシーヒット商品がある。15年に発売された「NLグリーンスムージー」だ。発売から約8カ月で累計販売本数1700万本を突破。「1秒に1本売れている」と、注目を集めた。

当時を知る広報担当者によると、この商品を思いついたのは商品本部の女性担当者で、「育休中にテレビや雑誌にスムージーが数多く取り上げられているのを見て、コンビニでもニーズがあるのでは、とひらめいた」という。そのころ、野菜や果物をふんだんに使ったフレッシュなスムージーがはやり、専門店ができたり、ジューサーが売れたりしていた。加えて2013〜2014年ごろといえば、コンビニ各社、淹れたてコーヒーがヒットし、冷蔵棚に並ぶ「チルド飲料」の勢いが鈍っていたころ。品ぞろえの強化をねらう担当者がトレンディなスムージーを出そうと思ったのは、自然な流れだったのかもしれない。だが、当時のコンビニの売り場を思い出すと、健康飲料といえばメーカーの「野菜ジュース」が君臨しており、まさか参戦するとは……。

青汁にはしたくない

ローソンとタッグを組んで「グリーンスムージー」を開発・製造したメーカー、東京めいらくの量販部課長、北村昌明に当時の様子を聞いた。開発スタートは2014年、ローソンの担当MD（マーチャンダイザー）から依頼があったという。

「弊社は以前から、果肉や繊維質のあるカップ飲料タイプのスムージーを、積極的に開発していました。特に原料の加熱殺菌の工程において、素材本来の食感を極力損なわないよう、原料選定から調合、殺菌条件などの組み合わせにこだわって設計しています。こうした技術がローソンさんのグリーンスムージー作りに生きました」（北村）

ローソンと侃々諤々《かんかんがくがく》話し合い、こだわったのは、①チルド飲料として鮮度がある、②健康感、③ミキサー仕立ての食感、④（グリーンスムージーなので）緑の葉野菜を含む、1食分・野菜118グラムを使用（一日の野菜摂取量目安が350グラム以上なので）、⑤おいしく、飲みやすいことの5点。葉野菜たっぷりの、いわゆる「青汁」のようなドリンクを作るのだから、開発で難しかったのは、やはり「味」だという。

栄養価が高く、家庭ではなかなか準備しにくいケールや小松菜は外せない。果物で健康感の強いバナナなどもマストかと思われたが、ゴクゴクと飲みやすい風味を求めるなら、ちょっとどうか……。試作に試作を重ねた結果、ケールをはじめとした野菜11種類と、すっきりとした飲み心地を演出してくれるキウイやリンゴなど3種類の果物を使用することで完成したという。

発売当時を知る社員たちからは「急に売れだして驚いた」という声を聞いた。どうやら、青汁といった健康飲料は「まずい」というイメージがある。それを覆し、「飲んでみたらおいしかった」ことで、加盟店の従業員が「売れる」と直感、率先して売り場を作り、積極的に販促に動いたことが大ヒットにつながったようだ。

当然、セブンもオリジナルのスムージーを出したし、ファミマもフレッシュドリンクに力を入れ始めた。それまでカフェラテなどが幅を利かせていたカップ飲料売り場に、野菜や果物がデザインされた商品がどんどん増えていった。

全国1万店を超える店が本気になれば、世の中を変える大ヒットを創ることができるのだ。いつの時代も、こうしたコンビニならではのダイナミックな商売が興味深い。

前出のローソン・伊藤の見解では、「健康的な食事」を作る10カ条の最初にくる「野菜を食べよう」の究極商品が「グリーンスムージー」だという。

2018年からは、野菜をたっぷり使った弁当・麺類「もっと！野菜」シリーズを出し、累計販売1400万食を超える人気となっているが、「飲んで野菜が摂れる手軽さ」はコンビニユーザーに合っているのだろう。暴飲暴食した翌日の一本としてはもちろん、からあげクンやおにぎりのお伴にグリーンスムージーを選ぶ30～40代女性が多いらしい。

「健康消費マーケット」の掘り起こしに成功したのは、〝グリーンスムージー作戦〟ともいうべき、NLブランドチルド飲料のバリエーションの豊富さだ。

発売翌年から栄養価の高いスーパーフード・マキベリーを使ったスムージーや「生きて腸まで届く」ビフィズス菌入りのヨーグルトドリンク等を出したり、カロリーオフバージョンを作ったり、家族で飲んだりすることを想定して大容量タイプを出したり……。とにかく売り場でグリーンスムージーシリーズがどんどん目立っていき、「ヒットしているんだな」と、誰が見てもわかるようになった。

2018年からは人工甘味料を使わないものにリニューアルしたり、2019年5月には「上ブタ」をなくし、プラスチック使用量を年間321トン削減したりと、進化は更新中だ。

取材の最後に、多くの社員へ「ローソンらしい健康商品とは?」と尋ねてみると、「NL菓子」という返答が多く、あーそうだった! と膝を叩いた。

NLブランドの菓子とは、ブランパンが大幅にリニューアルされた13年の同時期に発売。一袋のエネルギー200キロカロリー以下、または糖質10グラム以下、塩分0・5グラム以下に抑えた菓子シリーズだ。年々種類が増えていき、今では「こんにゃくチップス」や

東日本大震災後、コンビニで「おかず」を買う消費スタイルが定着した。ローソンのPB「ローソンセレクト」も人気に

「ブランとチアシードのクッキー」など、ど真ん中のヘルシー商品から「アーモンドチョコレート」（イヌリン〔食物繊維〕使用）といった機能性の高い商品まで、30種類以上もある。

　コンビニで、ここまでヘルシー感にこだわった菓子シリーズはないだろう。おやつニーズの高い学生や女性に人気があるのかと思ったら、小腹対策に購入するミドル世代の男性客も多いという。

　令和時代の売り場を見渡すと、野菜が多いのは当たり前、糖質控えめメニューも珍しくない、新規の機能性食品が出回るスピードも速くなってきている。「コンビニ食はわびしい」「不健康だ」なんていわれていた昭和の

薬局＋介護相談窓口を併設したハイブリッド型ローソン（東京都・文京区）。高齢化の進む日本で拡大が期待される

時代は、ずいぶんと遠くなった。ビジネスパーソンの定年退職年齢がどんどん延び、生涯現役を望む男女が増えているのだから、暮らしに身近なコンビニが不健康な商品ばかりを扱うことはありえない。たぶん今の子どもたちが大人になるころ、コンビニは「健康的な店」として利用されているだろう。

第4章　ファミリーマート

初期のドリンクマシーン。みそ汁まであった

中華まん（平成初旬〜）

コンビニで「ちょっとおなかがすいた」という時の救世主は？　といえば、おにぎりと答える人が多いだろう。しかし、レジ横のカウンターで存在感を放つ「中華まん」も忘れてはいけない。「おそらく創業当初（70年代半ば〜後半）からありましたよ」と、業界関係者が言うほどのロングセラーだ。おでんと双璧を成す人気の「冬の風物詩」として知られている。寒い日、ほっかほかの肉まんをカイロ代わりに抱えた経験のある人は多いに違いない。

なかでもコンビニがまだなかった60年代に「肉まん・あんまん」を市場に出した井村屋と組み、数々の新商品を作り上げてきたファミマの中華まんシリーズは、２０００年以降、ダイナミックな進化を遂げ、注目を集めてきた。ファミマの商品・物流・品質管理本部ファストフーズ部の河口美砂は「最近は、女性をターゲットにした新しい商品が人気」と言う。

手で包むような繊細な手法で作られるファミリーマートの中華まん。開発パートナー、井村屋の技術力が光る

ファミマの中華まんの進化の詳細は後に記すことにして、まず「ホットスナック＝おやつ」として消費者の胃袋を満たしてきた中華まんの変遷を、井村屋に聞いた。

同社の資料によると、１９６４年に肉まん・あんまんが誕生、翌65年には、早くも機械メーカーと共同で「スチーマー」を開発したそうだ。となると、街にコンビニが増えだした70年代は、外で食べる「肉まん・あんまん」は、すでにすっかり市民権を得ていたということになる。

「弊社とファミマさんとのお取引は、70年代後半からあると聞いています。当初は弊社の商品を扱っていただきました。その後、90年代後半から、本格的にファミマさんと一緒にオリジナルの中華まんの開発・製造をさせていただいて

います」(井村屋開発部点心・デリ/冷菓チーム課長代理・小林伸也)

前出の河口によると、市販の中華まんの〝人気四天王〟は、「肉まん・ピザまん・あんまん・カレーまん」だそう。井村屋は、79年からピザまんを作っているので、これらの定番が昭和から平成、令和と売れ続けているロングセラーだとわかる。こうした看板商品を大事にしつつ、消費者を飽きさせないよう、80〜90年代には「イカスミまん」などの変わり種が出回ったそうだ。

いちごみるくにスライム……

2000年代に入ると、中華まんマーケットでヒットを出すには一筋縄ではいかなくなった。バブル時代を体験した消費者は舌が肥えている。反面、その後の厳しい不況で節約志向が高まった。つまり、おいしいだけじゃダメ。もっと新しくて、コスパのいい中華まんが食べたい——ファミマの開発チームは、あれこれ貪欲な消費者のニーズに挑まなければならなくなったのだ。

「品ぞろえの一つの転機は、2000年代はじめに『トンポーローまん』を出した時。一般的な肉まんとは違い、10ミリ以上のダイス状の豚肉をゴロゴロと入れた手包み商品で、通常の中華まんが100円ほどのところ、これは180円ほどにしたんです。よく売れました。この体験が、リーズナブルな定番のほか、少し贅沢な高価格帯の中華まんも十分ニーズはあるという気づきになりました」（小林）

確かに、2000年代にファミマが出した中華まんは、異彩を放っていた。特に女性ファンを集めてきたピザまんに続けと、女性が好みそうな新作を続々と考案した。「プリンまん」「クリームチーズまん」（06年）、「ショコラまん」「抹茶クリームまん」「いちごみるくまん」「キャラメルラテまん」（08年）などと、当時は珍しがられた〝スイーツまん〟の成長に一役買っていたと思う。

「ファミマさんのご担当者としょっちゅう打ち合わせをして、定番のほか、毎月1個は必ずお客さまが驚くような新商品を出そうと言っていた」と、井村屋の面々も振り返る。

「強く記憶に残っている新商品は、2011年に出した『スライム肉まん』です」（小林）

強烈に記憶に残る「スライム肉まん」は、ゲームのドラゴンクエスト25周年を機に実現したコラボ作。さわやかなブルーでつぶらな瞳を持つキャラクター・スライムを再現、「肉餡《あん》を、ひとつひとつ手包みした」力作だった。

「それ以前に、弊社はトラやウサギなど、干支にちなんだ動物たちの顔を模した中華まんを作った実績がありました。コンビニ業界でアニメのキャラクターとコラボした〝キャラまん〟が流行する、火つけ役となった商品です。ファミマさんが仕掛けてくださって、スライム肉まんを製造できることになった時は光栄でしたね。ただ昔から『青い色の食品は売れない』という認識だったんです。それが大きな話題になって、ヒットした。SNSの力も大きかったですが、〝おいしさ＋楽しさ〟のある商品がコンビニユーザーの嗜好と合うことを改めて実感しました」

と小林は振り返る。この「おいしさ＋楽しさ」を重視する視点に、コンビニ商品開発のおもしろさがある。いや、開発者の立場からすると、難しさといったほうがいいかもしれない。

今年、とてつもなくおいしい商品ができて、よく売れたとしても、「来年の客」は同じ味には手を出さない。「おいしい」という感覚は、毎年違うし、何より「たまに行く」のではなく、「毎日行く」リピート率の高さで勝負しているコンビニメニューは「すぐ飽きられてしまう」、という現実は否めない。

だから定番も毎年ブラッシュアップするし、新作を矢継ぎ早に出し、売り場をいつもフレッシュなイメージに保っておかなければならない。

「2010年代に入ると、冬に限らず通年、スチーマーに中華まんを並べる店舗もありましたから、新商品を出す頻度がもっと増えました。月に2〜3個は出していた」

と、井村屋量販営業部の課長代理、大石一貴は証言する。ファミマの河口によると、「2013年がピークで、年間約40種類の新しい中華まんを出していたと、先代担当者が言っていた」そうだ。スチーマー商品は、かつてのサークルKサンクスが健闘していた記憶があるが、新作年間40種という数は、業界最多クラスかもしれない。

話題性から、本場の味へ

スイーツまんにキャラまん——平成の中華まんトレンドも、スイーツ同様、SNS等でいかにウケるか、話題を取るかの戦略が重要だったようだ。

だが、平成後半〜令和にかけての商品開発は、単なるウケねらいではなくなってきた。

「最近のトレンドは、流行っている料理を中華まんにアレンジすることです。味もさらに本格志向になっています」（河口）

2014年に、ワンランク上の質を求めた「プレミアム肉まん」が定番化、フツーの肉まんが120円のところ、180円を払う価値が消費者に認められた。ただ、これは序のロ。15年からは、河口の言うとおり、中華まんの定義がどんどん広がっていく。カレーまんは「キーマカレーまん」や「バターチキンカレーまん」「ビーフカレーまん」とバラエティーが増え、「四川風麻婆豆腐まん」「牛カルビまん」「炙り焼きチャーシューマヨまん」「トムヤムクンまん」「餃子まん」……、いや、まだまだ。スイーツまん系では「フロマージュまん（チーズケーキ風味）」「さくらあんまん（もち入り）」などと、ぐんぐん多彩になっていった。

「なにも、中華まんに手を出さなくても、麻婆豆腐が食べたいなら中華料理店に行けばいいじゃん」と、ツッコミたくなる人もいるかもしれないが、こうしたちょっとキテレツな新商品が出るたび、筆者は「便利だなー」「コンビニっぽいなー」と、興味津々に見ていた。

丸く、ワンハンドでつかめる中華まんに好きな料理が入っているなんて、画期的ではないか。当時はすでに料理レシピ投稿のクックパッドなどで「時短クッキング」が重宝がられていたころ。「時短」はもう「手抜き」じゃない。時間を上手に使ってかしこく家事をこなす働く女性や主婦が増えた。おやつイメージの強かった中華まんシリーズに、手軽に食べられる朝食やランチ向けにもなるメニューが加わったことは、時代のニーズをキャッチして「あったらいいな」を具現化した結果ではないだろうか。

ファミマが連発した、いわば「グルメまん」は、その後いよいよ本格的な「中華街クオリティー」を求めてバージョンアップしていった。

季節ものの代表格である中華まんは、毎年お盆前後になると「今年のトレンドはこうです！」と各チェーンからリリースが出る。

20億円かけて、生地革命！

2017年のファミマの中華まん推しはいつもと違ったので、よく覚えている。本社で取材に応じてくれた当時の中華まん担当者は「史上最大の刷新をしました」と熱く語った。

ポイントは生地だった。それまでもふわふわな生地になってはいたが、2016年からふっくら感をよりアップさせ、目指したのはもっとハイレベル。「横浜の中華街で販売されているような旨味や香りのよい中華まん生地」だった。この高いハードルをクリアするため、井村屋は20億円の設備投資をして工場を拡大。大胆にいくつもの新製法を取り入れて作った「熟成生地の本格肉まん」「チーズたっぷり熟成生地のピザまん」（各130円）は、確かに生地がもっちりしておいしくなった。続いて販売された「ファミマプレミアム肉まん」（198円）は、北海道産小麦粉にこだわり、生地と具の比率を5：5にしたボリュームで、大阪育ちの筆者は、「551蓬莱の豚まんみたい」と思ったものだ。それくらいジューシーになった。

このタイミングで中華まんを大刷新したのにはふたつ、理由があったのではないかと思っている。ひとつは、中華まんを再びトレンディ商品に返り咲かせたいという思いだ。2010年以降、日本の中華まん市場は500億円超で「微増」状態。だがファミマ商品は数年間、前年割れが続いた。超ロングセラー商品は過去にとらわれず、時に大胆に変える必要がある。「ダウントレンドにさせてたまるか」というプライドがなくては、井村屋だって20億円もかけなかっただろう。

もうひとつは、ファミマの売り場大改革のタイミングだったことだ。「ファミマの焼きとり」の項目を見てほしい。「焼きとり」が刷新されたのも2017年。そう、中華まんは新たに生まれた「ファミ横商店街」の中の「ファミ横中華街」（※1）の顔として、再生したのだ。売れなきゃ困る。

※1　2017年6月、ファミマは少子高齢化・単身世帯、有職女性の増加といったマーケット環境の変化を受けて惣菜ニーズが高まる中、レジ横のカウンターで販売するファス

トフーズ惣菜を「ファミ横商店街」と命名。あらゆる客層が気軽に来店できる、活気ある店の雰囲気づくりに乗り出した。

大掛かりな設備投資をして取り入れた新製法について、前出の小林はこう説明する。

「生地を一次発酵させて餡《あん》を包み、さらに二次発酵させて生地の旨みをより引き出す手間をかけました。また肝心な餡を包む方法も変更。昔は筒状の生地の中に餡を注入し、切り出していましたが、それを〝シート成型〟というラインに変えたんです。板状に延ばした生地に餡を入れ、筒状に包み込むように成型することで、生地にダメージを与えず、より多くの餡を〝手包み感覚〟で作ることができるようになりました」

言葉で表現するのはなかなか難しいが、生地をギュウギュウ押し付けて餡を包むのではなく、シートのように四角く延ばした生地でくるっと餡を包むほうが、確かにふわっと包めそうだ。実際に食べてみると、生地がもっちりとしながらもややハードな食感で食べ応えがある。生地だけ食べてもおいしくなったと思う。

これだけじゃない。「焼成ラインを使った新商品も出し、シリーズ化した」そうだ。中華まんに「蒸す」はあるけど、「焼く」工程ってあったっけ？　と思う人も多いだろうが、パンのようなベイクドタイプの「焼き中華まん」は、ほかにないのでかなり斬新だった。

「2018年に、カマンベール、ゴルゴンゾーラ、ゴーダ、パルミジャーノレジャーノの4種のチーズを包んだ『焼きパオズ（包子）クワトロチーズ』を出しましたが、女性に大人気でした」と、ファミマの河口は振り返る。その他「ツナマヨ」や「タコスミート」といった焼きパオズを出し、ファミマは、新たなコンビニ中華まんシリーズを確立したといっていい。

平成〜令和の進化は、もっとチャレンジングだ。

「定番をよりおいしくブラッシュアップしていく姿勢はこれまでと変わりませんが、新機軸商品も育てたい」と、河口は言う。新機軸商品とは、2018年から販売しだした「ウィンナーパオ」や「肉シュウマイ串」といった〝点心〟っぽい新メニューだ。シュウマイにいたっては、生地がないので、もう「中華まん」じゃない。

「売り場にあるスチーマーをより有効活用したい、と思っています。串ものならちょっとした小腹対策から、おかず、おつまみニーズにもお応えできる。新しい展開に期待してください」（河口）

思えば、平成の終わりごろからスチーマーの中で、豚汁やカレーなどを温める試みがローソンなどで行われた。こうした流れもひとつのトレンドだ。井村屋の小林が言う。

「肉まんなど定番の品質が上がり、バラエティーも豊かになった今、さらに新しい味や驚きをご提供するのが私たちの役目。弊社も近年、部署名が『開発部点心・デリチーム』に変わり、中華まん以外の新規性のある商品、よりお客さまに魅力を感じていただける新価値商品の開発にも注力しています」。なんと、こんなところに伏線があったか。こうした新たなチャレンジをしつつ、令和初の中華まんシリーズは、意外にも「原点回帰」、定番の原材料を産地から見直すなど手堅いリニューアルをして攻めてきた。ホットニュースは、人気の「チーズ」と「肉まん」を合体させ「チーズ肉まん」として売り始めたこと。今後は定番化するそうだ。これは珍しい。昔、手軽なおやつだったコンビニ中華まんは、エンタメ化、グルメ化、専門店化と味やカタチを七変化させながら、不動のヒット商品へと成長してきた。今やフライドチキンが「先輩」と呼ばれる時代だ。中華まんだって、まだまだ進化していくだろう。

令和最初の秋冬新商品として話題になった「チーズ肉まん」。チーズまん・肉まんどちらも食べたい声に応えた

ファミチキ（2006年〜）

初めてほおばった時、これまでの市販フライドチキンと違うので、「えっ？」と驚いた。衣はちょっとスパイシーでサクサク、骨がなくジューシーな鶏肉を丸ごと食べられる。平成生まれのロングセラー、「ファミチキ」には、当初から人を驚かせる力があった。

言うまでもなく、累計販売数13億個を突破したファミチキは、コンビニ界のメガヒットのひとつに間違いない。ローソンに入って「ファミチキください」とつい口走ってしまう客がいるほどだし（ファミマで「からあげクンください」と言ってしまった客もいるけれど）、店員も売れることを知っている。ここまでうまくブランディングできた商品は珍しい。

レシピは13年間不変

さぞ毎年毎年、入念なリニューアルや販売戦略を打ち、人気をキープしてきたのだろうと思って取材に挑んだ。ところが、開口一番「13年間、まったくレシピは変えていません」と、担当のファミマ商品・物流・品質管理本部ファストフーズ部の高見沢祐介は、当たり前のように言った。「え……（汗）」。基本商品を飽きられないよう、こまめにリニューアルするのが鉄則のコンビニ界で、今も味を変えていないとは――。

ファミマは、店内のフライヤーメニュー開発に注力。がっつり食べたい男性客を虜にしてきたことから「ファミマのイメージ＝ＦＦ（ファストフーズ、ホットスナック）」というファンは多い。

94年、レジ横に加温式のホットスナック什器「ホッターズ」を設置。アメリカンドッグなど、小腹対策にぴったりのメニューでいつもにぎやかだ。

その中に、オリジナルの骨付き「フライドチキン」が投入されたのは２００１年。70年代に日本に上陸したケンタッキーフライドチキンのチェーン店数が１０００店を超えていたこともあり、「フライドチキンは骨付きがおいしい」という見方が常識のように広まっ

ファミリーマートの看板商品と言えば「ファミチキ」。骨なしモモ肉のジューシーさは不変だ

ていたころだ。ファミマは当時のトレンドをキャッチして、適度に脂が乗り、鶏肉の旨みが楽しめる部位・ドラム（鶏モモ肉の脚に近い部分）を使って商品化したわけだ。

「おやつ感覚でフライドチキンが楽しめるということで、とてもよく売れました。このヒットがファミチキにつながるんです」

そう解説してくれたのは前出の高見沢だ。

骨なし&秘伝のタレへのこだわり

フライドチキンの人気が上がるほど、消費者からさまざまな声が入ってくるようになったという。「食べた後、骨をどこに捨てるか困る」「骨があるとオフィスで食べづらい」など。言われてみればそうだ。アウトドアでも思いっきりチキンにかぶりついた後に残った骨の処理に困ってしまうことは多い。

「そこで骨なしのファミチキを開発することになりました」（高見沢）

ファミチキは鶏肉のサイ（鶏モモ肉の脚のつけねに近い部分）を使っている。ここはドラムより脂乗りがよいといわれ、鶏肉好きから支持を集める部位だ。実は、この鶏肉のおいしさを生かしたメニュー開発を推し進めたのは、当時のファミマ社長・上田準二だった。

有名な話だが、上田は前職の商社時代、畜肉分野の担当歴が長く、鶏肉のおいしさに造詣が深かった。レシピ作りからこだわり〝秘伝の味〟を決めていったという。

結果2006年、これまでのフライドチキンよりスパイシーでサクサクとした衣の食感と、やわらかくてジューシーな鶏肉の旨みが特徴のフライドチキン「ファミチキ」ができ上がった。ホッターズにデビューした当時のことは、よく覚えている。「ファミチキ」という覚えやすいネーミングもインパクトがあった。社をあげて開発した商品とあって話題性は十分、メディアにも取り上げられてヒットした。その路線が続いている。

「本当に、ファミチキは06年から売り上げが右肩上がりで、一度も下がったことがないオバケ商品なんです。私たち担当者全員が共通して認識していることは、ファミチキを変えちゃダメだってことなんです。ファミチキの味は、これからもずっと守り続けなければならない」

と、高見沢は断言した。続けて「ファミチキのレシピは門外不出なので、お話しできません」と言う。いやいやいや、詳しいレシピまで探ろうとは思ってない。これだけずっと売れてるんだから、何かあるでしょ。原料の特徴とか、下味に入れている隠し味とか、揚げ方のこだわりとか……。ファミチキはどのようにして作っているんだろう。

「当初からタイの製造工場で作っています。エサにこだわって飼育したニワトリの加工から商品化まで一貫作業で、徹底した品質管理が一番のこだわりです」

と、現地工場を担当するゼネラルマネジャーは語る。海外に生産拠点を作ったのは、06年当時から7千店近くの店舗へ供給しなければならないファミチキの宿命だったのだろう。

「国内であればほど大量の鶏肉を調達するのは難しい。国内であれば数カ所から集めることになり、加工の工程で鶏肉を冷凍保存しなければならないでしょう。実際、日本市場に出回っている国産鶏メニューは、調理前に冷凍しているのが一般的です。でもそれでは解凍時に肉の旨みが損なわれてしまいます。ファミチキは、チルド（冷蔵）肉しか使っていません。だからジューシーなんです」

原料調達の担当者は言う。ファミチキが店頭に届くまでには、ざっくりと次のような段階を踏む。タイ製造工場近隣の養鶏場でニワトリを飼育→原料としてカット→サイ部位のみ採用→下味をつける→オリジナル衣をつけてフライする→冷凍→輸送→日本の各店舗でリフライして提供。「この間、約800の厳重な品質チェックポイントがある」（製造担当者）そうで、店舗数が1万6000を超え、ファミチキ累計販売数が13億個というとんでもない数字になった今でも徹底しているルールだそうだ。

現在ファミチキを担当する面々を前に、なるほどと思った。開発から当時の社長や先代担当者の知見ががっつり入ったフライドチキン。作れば店が張り切って売ってくれるため、現地の工場は増設を重ねる一方だ――リニューアルする隙がない。いや、必要がない。冒頭、高見沢が「ファミチキを変えちゃダメ」と言った気持ちがよくわかる。

現在、ファミチキ先輩（ファミリーマート公式キャラクター）の活躍を見ている読者は「ファミチキ、めっちゃ変わった」と、つっこみたくなっているだろうが、先輩の登場は最近の話だ（17年）。味は変わってない。詳しくはのちほど記すとして、もう少しファミチキの進化にまつわる舞台裏を記したい。

「その商品の担当になれば、必ずブラッシュアップして売り上げ増を目指すのがコンビニのマーチャンダイザー（商品開発担当者）です。だから、先代も新フレーバーを出そうとか、衣を変えようとか研究したと聞いています。でも、その都度上田（当時社長）が却下し、絶対に実現しなかった。それだけファミチキは社にとって大事な商品なんです。ファミチキに初めてフレーバー商品を出したのは、発売してから10年後でした」（高見沢）

発売から10年というと、２０１６年。これまた最近だ。発売10周年を記念し〝ファミチキ大感謝祭〟を実施した。「甘辛」と「だし旨醤油」、ふたつの新フレーバーを出したほか、購入者に「ファミチキのふるさと、タイ旅行券」をプレゼントする豪華企画もあった。

「社内では、味が違ったらファミチキじゃない！　と反対意見がありましたが、衣のサクサク感と肉のジューシーさというコンセプトは厳守するという約束で展開したんです。これを機に、毎年新フレーバーを出すようになりました」（高見沢）

はやりの「だし風味」やおかずやおつまみにもなりそうな「甘辛味」がウケて、「通常の倍くらい売れた」ことも、ファミチキの仲間を増やすことに拍車がかかった理由だろう。

以降、いくつか例をあげるとチーズ、カレー、旨塩、ガーリックバター（2017年）、ゆず胡椒《こしょう》、塩レモン、ファミチキヘルシー（ムネ肉）（2018年）、通常の1・5倍の大きさのビッグファミチキ（2019年）などが登場。「新フレーバーでもファミチキと名乗っている限り、商品コンセプトは同じ」で、サクサクとした食感が「命」だそうだ。ホッターズケースの中で、いくらおいしいチキンでも規格が違えは、「ファミチキ」ではなくフツーに「フライドチキン」という名で売られていたわけがわかった。

そんな昔ながらの味にこだわる頑固おやじのようなファミチキの「ブランド力」を、一段と高めたのが、2017年に登場したファミチキ先輩の存在だ。

このあたりで、ファミマの組織が大きく変化したので押さえておきたい。

２０１６年９月に流通大手２社が合併してユニー・ファミリーマートホールディングスが発足（現・株式会社ファミリーマート）。ユニー傘下のサークルＫサンクスが、順次ファミマにブランド替えした（２０１８年、約５０００の全店がブランド転換終了）。そんな激動期に社長に就いた澤田貴司自らがチームの中心となり、営業・商品開発・広告宣伝部など多岐にわたるメンバー一丸となって、「売れる商品を、売れる時に、圧倒的に売る」をコンセプトに戦略を練り出した。その一手が、商品をキャラクター化したファミチキ先輩だったのだ。

おなじみとなった「ファミチキ先輩」。看板商品をキャラクター化した戦略は、若いファンの獲得に貢献した

「ファミチキは数年前からＣＭを打つなど、少しずつ販促活動に力を入れていたんですが、改めてファミマの顔は何だ？　と考えた時、やはり全商品の中で売り上げトップのファミチキなんです。もっと強力にブランディングしてい

くべきだと、澤田以下、判断したんです」(高見沢)

17年は、惣菜の販売に力を入れた「ファミ横商店街」が店内に〝オープン〟した時だ。同時に登場したファミチキ先輩のインパクトは絶大で、各メディアがファミマの取り組みを報じた。

それにしても、フライドチキンをリアルに擬人化するとは(正しくは、中に役者さんが入っている)。記者発表のステージ上で、ファミチキの着ぐるみ(?)を着た人が出てきた時は、会場がざわついた。かわいいゆるキャラとは呼べない先輩の姿に、筆者は「これから大丈夫だろうか?」と心配になったほどだ。だが、ファミチキ先輩がファミマで働いている純粋で優しい〝熱血漢キャラ〟の設定だとCM等であきらかになるにつれ、好感を持つ人が増加していった。広報担当者によると、「ファミチキ先輩の着ぐるみを着て、店を盛り上げるストアスタッフが多く出ました」と、加盟店の士気を上げる効果もあったそうだ。

ファミチキ先輩というひとり(?)のキャラクターが、あっという間に加盟店と本部の関係を強め、SNS時代の波に乗って消費者の関心を集めてしまった。売り上げは「ファミチキ先輩が出てから、ますます好調」と、高見沢。振り切ったキャラ販促事例は、コンビニ業界でなくても役立つビジネスヒントになりそうだ。

キャラ立ちしたことで、ファミチキの味や見た目はますます変えられなくなった。だが手はある。自らが変わらなくても、仲間を増やせば、売り場に変化の風が吹く。

令和になったばかりの2019年5月、ファミチキの子どもたちという設定で、新しいチキンメニュー、一口サイズの「ポケチキ」（5個入り）が生まれたのは記憶に新しい。

ファミチキがジューシーなモモ肉なのに対し、ポケチキはあっさりめのムネ肉を使用。「プレーン」「ホット」「チーズ」の3フレーバーで、食べると、ファミチキっぽいちょっとスパイシーな風味で、からあげクンとは違う。

19年に発売された鶏ムネ肉を使った「ポケチキ」。ひとつ約5センチの一口サイズは女性や子どもをターゲットに作られた

絶好調のファミチキ一本で勝負することなく、ポケチキを出した背景には、女性客をねらっていこうという新戦略があったそうだ。

「ファミチキはじめ、ホッターズ商品の購買男女比は、だいたい55：45くらいで男性のほうが多い。でも来店客層の推移を見ると、最近女性が増えています。その方々のニーズに応じたフライドチキンを考えました。ポケチキは、1個が5センチ大で、ピックを使って食べるのでシェアすることもできる。ねらいどおり、女性やお子さまに多く購入していただいています」（高見沢）

一口タイプのチキンは、コンビニ業界では「からあげクン」しかなかったので、ポケチキのデビューが、コンビニチキン史に残ることは確かだろう。消費者にとっても、シェアできるサイズのものがファミマでも買えるようになったことはうれしい。だが、ポケチキが売れに売れ、ファミチキほど知名度が上がるまでに成長するには、少し時間がかかりそうだ。

無敵のファミチキは、2019年夏に1・5倍サイズのものが限定販売された。「令和になって、いよいよ変化していくのかな」と期待したが、やっぱりレシピはそのまんま。見た目は大きくなっても、味はファミチキ。これがまた売れた。

「ファミチキは、フライドチキンというジャンルに収まり切らない、別ものみたいな感じがします。おそらくファミチキは、誰にも変えられないのでは」高見沢が言った言葉が印象的だった。そうだ。独り歩きしだしたファミチキは、もはやフツーのチキンじゃない。ファミマ全体を盛り上げる使命を担った、トップランナーだ。これからもずっと、ファミチキはファミチキのままでいてほしい。そんな気になってきた。

ファミマカフェフラッペ（2014年）

新しい価値ある商品だなぁと注目してきたのが、2014年に販売を開始したファミマのフラッペだ。

一言で言えば「飲むかき氷（フローズンドリンク）」。70年代から販売を開始し、今では売っている店が少ないフローズンドリンクと聞いて、セブンの「スラーピー」と同じなのかな？　と思った人がいるかもしれないが、違う。買い方・飲み方が独特なのだ。

買い方と飲み方を説明しよう。まず、売り場は冷凍庫なのでご注意。①目当ての商品を見つけたらレジへ持っていく↓②精算したら従業員がカップのフタをあけ、渡してくれる↓③フタの開いたカップをコーヒーマシンまで持っていき「フラッペ」ボタンを押す↓④太めのストローで氷をシャカシャカかき混ぜれば、フローズンドリンク「フラッペ」ので

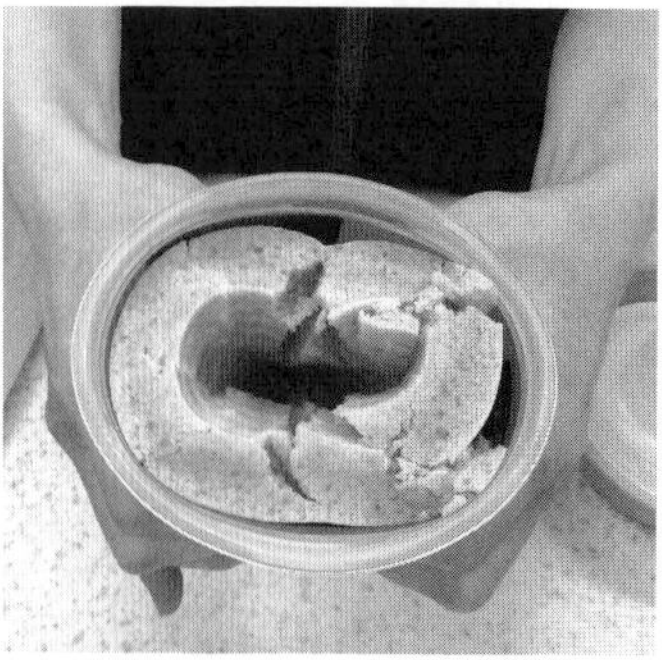

「フラッペ」の作り方は、まずモミモミしてかき氷を崩す。その後で温かいミルクを注げばでき上がり

ジェラートのような食感の「ファミマカフェフラッペ」。コーヒーマシンのミルクを使用するという斬新さがうけている

き上がり。ストロベリーといった果実系フレーバーは、予想以上に果肉がたっぷり入っているのでドリンクというよりも、コールドスイーツ感覚で楽しめる。

上手に作るには、③のタイミングでカップの中にミルクを注ぐ前に、容器の外側から「モミモミ」して中のかき氷を粗く砕いておくのがポイント。こうすることでミルクが氷に入り込み、溶けやすくなる。

商品の全体像をだいたいご理解いただけただろうか。そう、ファミマのフラッペは、店内のコーヒーマシンを使って「コーヒーではないドリンク」を作ろうと発案された商品だ。淹れたてコーヒーのおいしさを追求することに全力を傾け、フレーバーの種類を増やすことにあまり興味がないセブンカフェとは別路線。一方ローソンのマチカフェは、フレーバーの種類が豊富だが「ミルクを注いで作るフラッペ」は出していない。ただ、11年から「レンジアップして溶かして食べるフラッペ」は出しているので、気になる人はチェックしてほしい。こちらはクリームがのったりした〝コールドスイーツ〟のような設計で、ファミマのフラッペとは別モノだと思っている。

では、なぜファミマはコーヒーマシンで「コーヒーじゃない商品」を作ろうとしたのだろう。担当の商品・物流・品質管理本部カフェ・スチーマーグループマネジャーの守屋省吾は、次のように教えてくれた。

「他社との差別化商品を作り出すのが私たちの仕事です。コンビニコーヒーが広く認知されたからこそ、新たに革新的なドリンクに挑戦することになりました」

2章の「セブンカフェ」の項目に詳しいが、フラッペが出た2014年ごろは、各社とも淹れたてコーヒーブランドが市民権を得、「コンビニコーヒー戦争の到来だ」とメディアがはやし立てたタイミングだ。消費者が、目新しかった店内のコーヒーマシンに注目していたのは間違いない。その視線の中、ファミマはマシンの〝有効活用〟を考えだしたに違いない。

——と、勝手に妄想を膨らませていたのだが、フラッペの開発当初の話を取材してみると、共同開発・製造を担ったメーカーから意外な事実がわかった。

かき氷をコーヒーに入れてみた

「最初にファミマさんからお声がけいただいた時は、アイスコーヒーの氷を作れないかというお話でした」（赤城乳業営業本部、広域第二部　係長・金澤有美）

なんとアイスコーヒーが売れすぎて市場の氷が品薄になったため「氷といえば、ガリガリくん」と氷づくりに定評のある赤城乳業に、ファミマの当時の担当者は「アイスコーヒーの氷を作ってほしい」と、申し出たのだという。えっ、最初はフラッペじゃなかったの？　と内心思ったが、話は最後まで聞くものだ。

「ロックアイスを作ることはできませんが、かき氷技術を生かした氷なら、何かご提案できますが——とお返事したのです」（金澤）

思えば2013年の夏は、記録的な猛暑だった。同年9月、気象庁は「平成25年（2013年）夏の日本の極端な天候について」という報道資料を出した。資料によれば「夏平均気温：西日本＋1・2℃（統計開始以降第1位）、東日本＋1・1℃（同第3位タイ）

……日最高気温の記録更新：高知県四万十市江川崎（8月12日、41・0℃）」とある。2007年に35度以上の日が「猛暑日」と定義づけられてから、私たちはじわじわと暑さに慣れてしまったが、41度は尋常ではない。氷が品薄にもなるはずだ。

そうした実情をとらえた赤城乳業の返答は、機転が利いていたと思う。「かき氷技術を生かした氷」＋「コーヒー」なんてユニークなアイデアを、モノづくりに長けたMD（マーチャンダイザー・商品開発者）が逃すはずがない。こうしてひょんなきっかけでファミマと赤城乳業はタッグを組み、フラッペ開発に進みだした。

「専門店ではフローズンドリンクが女性の間で大人気でしたから、ニーズはあると思っていました。近所でもっと手軽に楽しんでいただける、新しいフラッペを作ろうと考えたんです」（守屋）

1996年に日本へ上陸したスターバックスは、日本人のコーヒーシーンを変えてしまった。いや、多様化させたといったほうがいい。おしゃれな空間でコーヒーを楽しむスタイルを作っただけでなく、コーヒーやクリームと一緒に氷を攪拌《かくはん》させて作るフラペチーノは、多彩なフレーバーで客を飽きさせないばかりか「コーヒーは苦手」という新規顧客まで一気に囲い込んでしまった。ファミマ×赤城乳業は、いわばこの〝フラッペ王〟に挑んだわけだ。

「かき氷に熱いコーヒーを注いでフラッペを作るというスタイルが決まったあと、カップにどんなふうに氷を詰めるか。これが難題でした」(金澤)

なるほど、かき氷づくりはお手のモノだとしても、類のない新商品を作るわけだ。一筋縄でいくはずがない。カップにかき氷を詰めて、上からコーヒーを注ぐと……氷の上部分しか解けず、コーヒーがカップからあふれてしまう。かき氷の底まで注いだドリンクが行きわたって初めて氷が解け、フラッペにできるのだ。どうすればいいのか——試行錯誤が続いた。

「かき氷の中央に空洞を開けて、熱いコーヒーが氷の下まで入り込めるスペースを作るという仕組みを考えついたんですが、かき氷に空洞を作るには凍らす前に何か挿入しておかなくてはいけません。フタにスティック状の突起をつけてみたこともありますが、完全に凍ると今度は抜けなくなってしまって……。何かいい方法はないか、アイデアを探して市場調査によく出かけました」(金澤)

ヒントはねじ?

しばしば出向いたのはキッチン用品売り場だった。さまざまなアイデアが施された調理器具を手にし、何か応用できないかと考えたという。ふと、目についたのが「ねじ」だ。ねじの原理を応用すれば、かき氷に空洞を作ることができるのではないか——ちょっと言葉で説明するのが難しいので、上の写真を見てほしい。ふだんは気に留めないだろうが、フラッペのフタの裏には円錐《えんすい》状の突起がついていて、かき氷に「穴」を開ける役目を果たしている。〝円錐状〟が肝だ。ねじのような「ギザギザ」が施されているため、固まった氷からフタを抜くことができる。フタに「左に回しながら上に引いて開けてください」とわざわざ注釈が記載されているのはこのためだ。よく考えたな〜。

「フラッペ」のフタの裏は円錐形だ。かき氷を溶けやすくする穴を開けるアイデアだ

　こうして2014年に発売したのが「カフェフラッペ」だ。飲んでみたら、シャリシャリしたかき氷のコーヒーが新しい感覚で驚いた。しかも価格が（当時）270円とリーズナブル。翌15年には進化型の「熱い

ミルクを注いで作るフレーバーが加わり、「カフェ」のほか「抹茶」や「マンゴー」といった新フレーバーも登場。「抹茶はめちゃめちゃ売れた」と守屋は振り返るが、コンビニ業界の定番になる「前夜」だったと思う。「ファミマのフラッペ？　知らない」という人が少なくなかった。理由は、コンビニでは新しいモノが支持されるのに、不思議なことに〝新しすぎる〟と刺さりにくいからだ。

さらに、常連客にはお気に入りの売り場があって、その中での新商品には食いつくけれど、なかなか日ごろ行かない売り場の「刷新」には気づかない。〝溶かして飲むドリンク〟が冷凍庫に入っているなんて、思いもよらない客が多かったのだろう。フラッペの認知度が高まったのは、発売から数年経ってからだった。

「2017年から、フラッペの開発には、ぐっとアクセルを踏み込みました」

と、前出の守屋は言う。

改めてまとめると、14年に「カフェ」、15年に「マンゴー&オレンジ」「抹茶」、16年に「ストロベリー」「ミルクティー」「ピーチ」「チョコレート」「キャラメル」と着実にフレーバー数を増やしてきたが、17年はトータルで11品も新フレーバーを出した。

ヒットした新フレーバーは、「チョコミン党」なるファンから支持を集めた「チョコミント」や果肉や果汁を増量した「リッチストロベリー」、そしてかき氷バージョン以外に、初めてロッテのジェラート技術を取り入れた「ジェラートフラッペヨーグルト味」など、以前よりバラエティーに富んだフレーバーが増えた。だが、単にフレーバー数を増やしたことに着目したわけじゃない。

「社としてフラッペを差別化商品にしようという機運がますます高まったんです。夏だけではなく、秋冬にも新フレーバーを出すなど、新商品開発に非常に力を入れた時期でした」

と、守屋が振り返るように、ファミマが商品を推してくる「ぐいぐい加減」が、以前とは違っていたように感じたのだ。

ライバルはスターバックスだけじゃない

焼きとりの項目でもふれるが、16年にファミマとサークルKサンクスの統合がスタートした。ブランド転換をしていないサークルKサンクスの店舗でもファミチキやファミマカフェといった「ファミマオリジナル商品」の取り扱いが活発になり、「(ブランド転換した店は)一日当たりの売り上げや客数が約10%伸びた」などと、〝新生ファミマ〟のニュースが目立っていた。フラッペの販促に力を入れたのは、そんなタイミングだった。
その中で赤城乳業の営業本部、広域第二課課長の加藤潤一によると、「かき氷の粒度の調整や、氷菓としてのフルーツの加工など、弊社にしかない技術を数多く取り入れているので、フラッペを量産するのは難しい」そうだ。だからこそ、開発する意味がある。ファミチキほどの知名度がなくとも、フラッペは「ファミマでしか買えない」レア商品として化けるポテンシャルをもっていた。もはや「アイスコーヒー代わり」なんて言わせない。毎月のように新フレーバーを出し続ける姿勢に、「フラッペはファミマの勝負商品だ！」との決意を感じたのである。事実、守屋らフラッペ開発メンバーは2018年、大勝負に出た。
「若い女性客をターゲットにしたフレーバーを考案したり、話題集めのために過去最多の年間17品目ものフレーバーを出したりしました。結果累計販売1億杯を突破することができましたが、課題はまだある」（守屋）
1億杯以上も売れれば、ヒット商品に間違いないのだが、意外にもフラッペは若い女性のリピーターが少ないそうだ。「10～20代女性の8割以上は調査店であるカフェチェーンの商品を購入したことがあるのに、ファミマカフェフラッペは2～3割。ここに伸びしろがあると思います」と、守屋は明かす。もちろん女性に人気がないということではなく、子ども連れの30〜40代女性の購買率は高いという。たぶんお母さんが、かき氷好きな子どもに買い与えているのだろう。

「専門店に負けない商品を作っているのだから、なにか手を打たなければ」と、開発したのが、宇宙をモチーフにした「ギャラクティカグレープフラッペ」と〝ゆめかわいい〟をイメージした「ファンタジーピーチフラッペ」（18年４月・現在は販売終了）だ。どちらも鮮烈な色使いで、そのキラキラネームからも、もろ女子ねらいだったのが想像できる。実際に前者は、３色の異なる味が楽しめる多層仕掛けになっていて「インスタ映えをねらった」（金澤）らしい。フラッペもスイーツ同様（３章参照）、見た目が大事な時代なのだ。

「ねらいどおりの手応えで瞬間風速は、歴代１、２位を争うほどよく売れましたが――」

守屋によると若い女性は一度買ってくれるがリピートしない傾向にあったという。「一度買ってインスタに上げたら満足しちゃうんでしょう。勉強になりました」（守屋）

乙女心は難しい。おいしいよりもかわいい、楽しいを重視する。しかも、毎回同じ画像は使えないから、リピート買いはしない。承認欲求が激しい彼女たちのサイフのひもは、意外と固いようだ。

だが2018年は、ロングセラーに育ちそうな新商品が出た。「バナナジェラートフラッペ」だ。濃厚なバナナ風味のジェラートフラッペに、氷にふれ冷えると固まるチョコソース（別売り）をトッピングする食べ方が、今でもスイーツ好きに支持されている。令和に突入した2019年は、街ナカで大ブーム中のタピオカを使用した「タピオカミルクティーフラッペ」なども話題だった。

「ライバルは専門店だけじゃなく、人気のアイスクリームやスイーツの専門店。味、品質、見た目、全部勝ちたい。ファミマといえばファミチキとフラッペと言ってもらえるようチャレンジを続けます」

なんと、あのファミチキの人気と並んでみせると言い切るとは！　平成後半に突如現れたヒットメーカー、ファミマカフェフラッペ。ストローを通してすぐ飲むのではなく、凍ったカップをモミモミしてから「自分で氷を溶かして飲む」、そのひと手間が意外と楽しい。

ファミマの焼きとり（2017年）

フライドチキン、サラダチキン、そして焼きとり。人生100年時代、健康志向がぐっと高まった平成の後半、コンビニ業界の稼ぎ頭へと飛躍したのは高たんぱく・低カロリーのチキンメニューだった。

チルド棚に並ぶサラダチキンは別にして、フライドチキンと焼きとりは、今や通年欠かすことができないレジ横ケースのツートップ。だが、20センチを超える串に刺さったビッグサイズの焼きとりが「メジャーになった」のは2017年前後と、まだ新しい。

この〝平成焼鳥合戦〟は、ローソンが「でか焼鳥」（2016年末から順次発売）を出して仕掛けたのがきっかけだが、続いて2017年にファミマが出した焼きとりは、負けず劣らず話題性に富み、一気に業界内のヒット商品に仲間入りを果たした。

「ファミ横商店街」に〝出店した〟焼きとり屋さんに見立てた、レジ横ケースでの販売スタイルが斬新だったし、何より焼きとりは、2016年にファミマと統合して姿を消す運命になったサークルKサンクスの看板商品だった。それが2018年11月に完全にブランド転換した後も、生き残ったのだから感慨深い。

ファミマの焼きとりは、あっという間に売れ筋へと成長した。2017年6月に発売した「炭火焼きとり」は、半年後「ファミリーマートのホットスナック史上最速、累計販売

爆発的に売れた「ファミマの焼きとりシリーズ」

数1億本突破！」、2019年秋には「発売開始から3年で累計販売本数3億5000万本突破！」とリリースが出たほどの勢いだ。

コンビニの商品開発は、商品部のMDがリーダーとなり、チームを組んで作っていくのが一般的だ。MDは数年という短いサイクルで担当替えになるので、「あの商品はこの人が作った」と、断言するのは難しい。だが、ファミマの焼きとりは「サークルKサンクスのノウハウを使って作った」と公言していたため、元サークルKサンクスの社員がメインになって、新たに商品開発したことは間違いない。サークルKサンクス改め、ファミマの商品・物流・品質管理本部ファストフーズ部の担当者に話を聞いた。

新橋の焼きとり屋で発案

「焼きとりは日本の国民食。昔からスーパーの惣菜売り場にあったし、コンビニでもトレイ皿に入れて売っていた。サークルKサンクスでは、ホットケースと呼ばれるレジ横ケースで、2000年初めからは売っていた」という。

ミドル世代なら覚えているのではないか。昔、ホットケースに並んでいた焼きとりは、筒型のビニール袋に包んで売られていた。「ホットケースは加温式なので、鶏肉が乾かないためのアイデアだった」そうだ。でも、袋に入っているためムレてしまうことがあり、食べると肉がふにゃふにゃしていたような記憶がある。それでもチキン好きにとってはうれしい一品だったのだが、職人が炭火の上で焼く、香ばしくてジューシーな焼きとりとは比べ物にならないレベルのものだった。

「ファミマの焼きとりが目指したのは、まさに専門店のような品質です。おいしいタレの香りがする、香ばしくて食べ応えのある焼きとり。サークルKサンクス時代に培った経験を活かし、さらにバージョンアップさせて作りました」（担当者）

ファミマの焼きとりの前身である、サークルKサンクス時代のことも記録しておこう。16年にファミマと統合した時は約6300店。業界4位のチェーンだったが、大手にはできないニッチな商品を作り出すのがうまく、いつも興味深く取材していた。11年6月に焼きとりを売り出したのも「セブンと同じことをやっても、勝てるわけがない」という戦略だったと担当者は明かす。

「もっと言うと、焼きとりにたどりつく最初のきっかけは、サークルKサンクスに看板商品がなかったからなんです。どこのチェーンにも看板商品があるのに。だから何か作ろうと考えた時、思いついたのが焼きとりだったわけです」

10年ほど前、担当者は「看板になる商品ってなんだ？」と話しつつ、東京・新橋で部下と飲んでいたという。そこが偶然焼きとり屋さんだった。店主が炭火の上で、鶏肉にタレをつけ、くるくる串を回しながら丁寧に焼く焼きとりを見ているうちに「これ、いけるかも」と思ったそうだ。確かに、焼きとりを嫌いという人はまずいない。おいしいものができれば、売れると踏んだのは間違っていない。

「この時から、必ず焼きとり屋に負けないものを作ってやろうと思っていました。そのためにはタレのうまさ、そして香ばしい匂い。ここにこだわりたかった」

タレの命は醬油だと、老舗すし屋用など、少量しか流通していない木桶仕込みの本醸造醬油を確保。大胆だったのは「焼きとりの武器はタレの匂い。タレにつけてしまっては、焼きとり屋と同じにできない。仕上げに店でタレをつけて焼こう」と、店内のホットプレートでタレをつけた焼きとりを焼くというオペレーションをルールづけたことだ。

当然、焼きとりを焼くようになったサークルKサンクスの店には、香ばしいタレの匂いが漂っていた。店舗がコンパクトなコンビニは「ニオイ禁止」のはず。そのタブーを恐れなかった焼きとりの販売方法には、はたから見ても、絶対に売ってやる！という執念すら感じたものだ。ねらいどおり、ボリューム満点な食べ応えが男性客に刺さって、大ヒット。「売れすぎて、欠品してしまったこともあった」そうだが、焼きとりはサークルKサンクスにとって、悲願の看板商品に育っていった。

焼きとりは、サークルKサンクス時代の思い入れの強い商品だ。ファミマにブランドが変わっても「これは店に残したい」という加盟店は多かったそうだ。思いはみんな同じ。チェーン統合後、引き続きカウンター商品の担当になったのを機に、品質を大幅に改良すべく〝ファミマの炭火焼きとり大作戦〟が始まる。

「チェーン統合を前に、サークルKサンクスのどの商品を残すか議論になりました。そこで焼きとりは、いったんなしになったんです。でも諦めたくなかった。多くの加盟店さんに支持をいただいた焼きとりを残すことが、私の新しいミッションだと思った。統合が終了するまでにもっとおいしい商品に仕上げるからと、開発を続行したんです」

そうはいっても、約6300店分だった焼きとりを、当時約1万2000店だったファミマを含む全店に供給できるのか？　ファミマでは仕上げのオペレーション「ホットプレート焼き」はできない。香ばしいタレの風味をどう出すか？　課題は大きかった。

何はともあれ、製造を請け負ってくれる工場を探すのが先決だ。担当者は開発パートナーメーカー・プリマハムと中国へ渡り、協力工場を一軒一軒探し回ったという。

一本一本、串に手刺し

「炭火焼きとりの製造は難しいんです。鶏肉は個体差があるため、串に肉を一個一個手差しするしかないし、タレにつけるのも、炭火で焼くのも、人の勘に頼ることが多い。どこの工場でも、すぐにできるというわけではない。作りたい品質基準を満たすには、さまざまなハードルを越えなくてはならず、中国工場との生産体制の調整が必要でした。それでも足りなくて、本当にあちこち回りました」（プリマハム・営業本部フードサービス事業部CVS二部　第二課長・西川和孝）

串に肉を手刺しする？　タレづけも炭火焼きにも人の手が入る？　これにはかなり驚いた。機械化ができない工程なのだ。なるほど、人件費を抑えるため、中国に渡るはずだ。なにせ、串に肉を刺す「刺し子」と呼ばれる従業員だけでも、１００人超が必要という。

「人の数もそうですが、品質基準を満たす商品を作っていただけるか、信頼できる工場か、見極めなくてはならない。また提携しても、信頼関係を築くために任せっきりでもいけない。互いに顔を見て話すのが一番です。当時から、数カ月に一度、必ず中国に行っています」（担当者）

「継ぎ足しタレ」風味に

こうして足を棒にしたおかげもあって、2017年6月に「ファミマの新・看板商品」と銘打って「炭火焼きとり」が発売になった。当初のラインナップは「炭火焼きとり　もも タレ・塩」「炭火焼きとり　かわ タレ・塩」（128円）。バージョンアップした点は多々ある。タレはサークルKサンクス時代の味を継承し、さらにローストした鶏肉をすりつぶしてタレに加えることで「継ぎ足しタレ」のような深い味わいの醤油ダレに変更。鶏肉も、おいしさを際立たせるため、人気のモモには、処理後72時間以内のフレッシュなチルド鶏モモ肉を採用したため、肉の旨みがアップ。さらにタイミングよく、焼きとりだけでなく、レジ横のおかずを強化しようと、ファミマはホットケースのほか常温ケースも導入。常温ケースに入れられた焼きとりは乾く心配がなく、肉本来の風味をキープできるようになった。「前よりおいしくなった」と、社内でも高評価だったという。

ただ一点、ちょっとした心配があった。店内オペレーションを変えたのだ。以前は焼きとりをホットプレートで焼いていたが、これは無理。しかし、どうしても専門店のように「タレをつけて焼く、香ばしさ」にこだわりたいため、「店舗で商品一本一本にタレをつけ、そのうえでレンジアップして香ばしさをプラスする」という手順を考案した。社内では「こんなに手間をかけちゃ続かない」という声もあったが、このひと手間で格段においしくなると、担当者は譲らなかった。加盟店も当初は半信半疑だったようだが、結果は、冒頭のとおり売れた。

「ファミマの加盟店さんが、売る！　と決めた時の底力はすごい！　本当にびっくりするくらい売ってくださった。サークルKサンクス時代の欠品体験がトラウマになっていたので、今回は最初から十分な量を確保していたので大丈夫でしたよ」

と、担当者は誇らしそうに振り返る。ただ、製造側は〝うれしい悲鳴〟だったようだ。

「さすがにもう炭火焼きは自動ラインが動いていますが、炭は生き物です。毎日同じ火力にならないので、人による微調整が欠かせない。またタレをつけて串を返すタイミングを計るのも人です。さらに、新しく塩味も出したのですが、最後に一本一本、塩を振って味つけしています。大量に作らせていただけるようになったのは大変光栄ですが、おいしさ重視のための手間ひまは昔のままなので……。現地の方々の頑張りに感服します」（西川）
以前は7工場だったのが、あっという間に倍の数になったそうだ。確かに「もも」「かわ」の定番に、男性に人気の「ハラミ」が入り、数カ月ごとに「ふりそで」や「ぼんじり」といった希少部位のメニューも出すなど、品ぞろえが広がった。あれこれ選べるようになると、客は余計に気になりだして、手を出したくなるものだ。だから、もっと売れる。
しかし不思議だ。昔はイマイチ存在感のなかった焼きとりが、なぜ平成時代にブレークしたのか？
「販促の強力な後押しもあったし、外を見ると社会環境の変化もあった。売れる土壌はあったんです」（担当者）
確かに「炭火焼きとり」の販売後に繰り出された一連の販促は見事だった。わざとファミマ王「ファミチキ」と競わせるキャンペーンをしたり、18年のリニューアル後は、人気アーティストを起用して「ファミマの焼きとり　すげーうまい♪」と口ずさむ演出をしたり。この入店音と同じメロディーは、強烈に耳に残った。これまで男性客に人気だった焼きとりは、特に40代女性からも支持を得るようになっていった。商品が持つ「イメージ」

とは、仕掛け次第で大きく変わるもんだと、実感したケースだ。

環境変化を考えてみると、時代はコンビニの焼きとりを待っていたのかもしれない。まず、2011年に起きた東日本大震災の後、消費者の「価値観」は大きく変わった。人や社会・環境に配慮した消費行動「エシカル消費」が高まったし、日本人の食の志向は定着していた「健康志向」が後退し、「経済性志向」が上昇した（日本政策金融公庫、平成27年度上半期消費者動向調査より）。つまり食費の節約志向が顕著になったわけだ。

こうしたトレンドを受けて、14年ごろから吉野家や日高屋といった飲食チェーンの「ちょい飲み」が流行った。さらにトレンドはどんどん進化していき、軽く飲みたいニーズに応じて「鳥貴族」といった、安価な焼きとり専門店が台頭しだしたのもこのころだ。極めつけは、政府と経済界が提唱した個人消費喚起キャンペーン「プレミアムフライデー」のスタートだろう（2017年）。

経済界はサラリーマンに飲食店等で、パーッと散財してほしかったようだが、世の中は節約志向の真っただ中だ。「家飲み」が流行る→中食マーケットが賑わう→安くてヘルシーな焼きとりに注目が集まる――そんな流れができていた。

さらに2018年5月に、セブンも全店で焼鳥を売り出し、商戦はヒートアップしている。2019年秋のリニューアルで、ファミマの焼きとりは、長崎県五島灘の塩にこだわるなど、さらに本格的な味になった。コンビニ焼きとり、侮れない。

最終章　ミライのコンビニ「食」

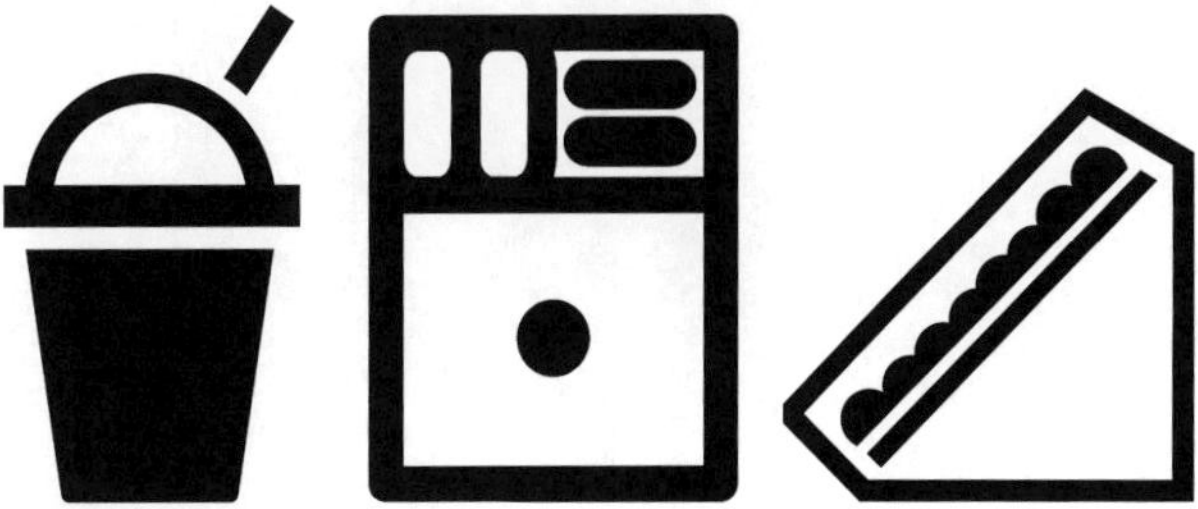

コンビニの食は、時代時代の消費者ニーズが隠し味となってヒットしてきたことが、少しご理解いただけただろうか。

繰り返しになるが、品質のよさはもう当たり前。もっと新しい付加価値の開発が、今後の「おいしい」につながる鍵となってくる。それは間違いないのだが、刻々と変化する社会にピタッと寄り添って、コンビニ自体も変化しているわけだから、最終章はなかなか構想がまとまらなかった。

「将来、コンビニの食って、どうなるんだろう?」

正直、誰にもわからない。ドラえもんに会って聞きたいくらいだ。だが、平成〜令和にかけての業界の激変ぶりは、衝撃的だった。それら変化のうねりの中に見えたコンビニ食の新しいキーワードを拾いながら、「これから」を占いたい。

まず、平成の終わりから湧きあがったコンビニを取り巻く課題をあげてみる。

①24時間営業問題(人手不足問題)
②フードロス
③ミールソリューション(食事や食生活に関しての問題解決)へのさらなるニーズ

①については、一部の報道が大々的に取り上げたので、ふだんからビジネスアンテナを立てている読者にとっては周知のことだろう。だが、これは「24時間営業がいいか、悪いか」ではなく、日本の商環境の中で慢性的に問題になってきた、人手不足をどう改善するかが論点だ。問題意識の高まりで、コンビニがおいしさを届けるための売り場改革が一層進むことになった。

②は、もはや世界中の問題だ。コンビニが改善しようと手を打っていることが、新たなイノベーションを生み出している。

③は、今に始まったことではない。女性の就業率の向上に比例して、家事の〝時短ニーズ〟が、ますます大きくなっている。令和に入ってすぐの2019年6月、女性の就業者人数は3000万人を超えた。調査を行った総務省によると、現在の調査方法になった1953年以降、最多だという。でき合い惣菜だけじゃない、新しい視点の時短メニューの開発が求められている。

そして、もう一つ付け加えるなら、世界一の長寿国・日本（世界保健機関調査・2018年発表）にとって「健康」は、令和時代も大きな関心ごとだ。未来の「食」の進化に欠かせない視点であり続けることは、間違いない。

こうした世の中の流れをおさらいしたところで、コンビニ業界で急速に動いている「食」の進化をまとめてみたい。将来の話なので、具体的な商品名を挙げることは難しいが、「食」にまつわる新しい施策が動いていることを紹介しよう。今後、ヒット商品が話題になった時、「(開発の根底には)あぁ、あの取り組みが新商品に生かされているんだな」と、腹オチしていただければうれしい。

取材を通じて見つけたキーワードは4つ、A「シェアリング」、B「ロングライフ(賞味期限延長)」、C「環境対策」。そしてやっぱり、D「ヘルシー」も外せない。ひとつひとつ解説したい。

まずA「シェアリング」は、フードロスの観点から、あれっと気づいたことだ。18年くらいから各社のニュースリリースに「商品寄贈による社会福祉貢献活動寄贈品」に関する話題が増えた。

セブンによると「店舗改装時などに発生する在庫商品の一部を、締結した自治体に寄贈する取り組みのこと」だそうだ。実際に寄贈するのは、カップ麺などの加工食品や雑貨が多いらしいが、18年4月に横浜市と結んだのを皮切りに、京都市、岡山県、滋賀県と続き、

19年7月現在、18の自治体と協定を結んでいる。

食品を余らせないという点では、ローソンが19年の夏限定で、愛媛県の218店舗と沖縄県の231店舗で実験を行った食品ロス削減プログラム「Another Choice（アナザーチョイス）」もそうだろう。

ローソンは19年夏に愛媛県と沖縄県で消費期限の迫った弁当類にポイントを付与する「Another Choice」を実験。売り上げの一部を子育て支援団体に寄付した

「Another Choice」は、ざっくりいうと消費期限の迫った弁当やおにぎりなどを、夕方から深夜に限り、一定の値引き（100円につき5ポイントを購入月の翌月末に付与）をしてお客さまに提供した取り組み。同年7月に視察のために沖縄へ行った時、ローソンの売り場に「Another Choice」のシールが貼られた弁当などをたくさん見つけて、いいな、と思った。実際、シール付きの商品を選んでいる主婦もいた。対象商品の売り上げの5%を、地域の福祉団体へ寄付し、子どもたちの支援に使ったという。また、

19年8月からは新たに物流センターにおける余剰食品を全国のフードバンク30団体へ寄贈し始めている。

こうして、捨てるのではなく、「食」を社会全体で有効活用しようというスタイルが増えている。地域に密着しているコンビニだからこそ、今後も具体的な一手が生まれてきそうだ。

B「ロングライフ」も、捨てないという視点が色濃いが、「賞味期限を延ばす」商品開発は、近年各社がもっとも力を入れている取り組みのひとつだ。

セブンはいち早く、セブンプレミアムで08年にトレイ容器に入っていたサラダをスタンドパックに切り替えて、賞味期限を2日から17日に延長した。以来、パスタ、菓子パンなど、改良カテゴリーを拡大、18年度は惣菜、19年度は寿司の賞味期限の延長を終えている。「何かを加えたのではなく、衛生管理の徹底した専用工場で調理法などを工夫し、賞味期限を延ばしています」（セブン）

ファミマは惣菜シリーズ「お母さん食堂」では容器にガス充てん方式を採用し、賞味期限延長に乗り出した。ローソンも18年度から弁当やおにぎり、惣菜類などの販売期限を延長し、廃棄高の削減につなげている。

だが、少しでも販売可能な時間が延びれば、廃棄を心配しすぎることなく発注する店が増える。売り場に商品が充実すれば、つい手を伸ばしたくなるのが消費者心理だ。ファミマが19年に土用の丑の日のうなぎを完全予約制にして販売したところ、廃棄金額は約8割減、加盟店利益も7割増となるなど、廃棄ロス・フードロス対策は、店の売り上げアップにもつながっているのだ。

そして、おそらく消費者が全く気づいていない「食」の進化が、C「環境対策」かもしれない。昔から、コンビニは過剰包装だ、ゴミを出しすぎだといわれてきた。今、おにぎりやサンドイッチ、惣菜の容器を注意深く見てほしい。どのチェーンのものでもいい。小さな文字で「バイオマスインキ使用」とか「間伐材使用」とか、「リサイクルPET使用」とか、ほとんどの商品に環境対応マークがついている。

その他、フタつきカップ容器をフタなしの「トップシール容器（容器に直にシールのふたを貼る技術）」にしたり、包装フィルムを限界まで薄くするなど、プラスチック対策に取り組んでいる。

背景には、15年に「持続可能な開発のための2030アジェンダ／SDGs」が国連で採択されたことがある。また、東日本大震災後に顕著になったエシカル消費（環境や社会にやさしい商品を選択する消費スタイル）の定着も、小売業としては見逃せない。各社のトップも「サステナビリティマネジメントなしに、企業の成長はない」という構えだ。

19年5月、セブン＆アイグループは「GREEN CHALLENGE 2050」と題した環境宣言をした。ローソンもファミマも競い合うように、独自の環境施策を打ち出している。こうして業界全体が足並みをそろえ、社会を変えていこうと動くのがコンビニだ。そこにはマーケットを動かすパワーがある。

最後にD「ヘルシー」にふれたい。ここまでの章で紹介してきたように、ローソンのブランパン、グリーンスムージーやセブンの雑穀米おむすび、「カラこの」マーク付きメニューなど、すでに目に見えて「カラダによさそう」という商品は増えている。ローソンも19年春から、チルド弁当や冷し麺で減塩を進めている。

そんな中、19年度下期のファミマの商品政策説明会に行って、ちょっと驚いた。「がっつりメニュー」が得意で、どちらかというと男性ファンが多いイメージだったファミマが、「減塩」したメニューを増やしたり、「大豆ミート」を使った商品を出したりすることを考えているという。本書が書店に並ぶころには、そうしたメニューが出そろっているかもしれない。簡便性だけでなく、「健康」を打ち出した新しいミールソリューションは、今後、

フィットネスジム「Fit & GO」を併設したファミリーマート（東京都・大田区）。24時間オープンのため便利だ

コンビニヘビーユーザーになるポテンシャルの高い、働く女性やシニアからも支持を集めるだろう。

とはいえ、ファミマはナチュラルローソンを目指しているわけではない。

「消費者アンケートをすると、コスパを気にして買い物をする方がもっとも多いのですが、次は健康志向が出てきます。ボリュームあるメニューも、健康的なメニューもどちらもしっかり強化することで、外食などの異業種から、お客さまを呼び込みたい」（ファミマ）

２０２０年までに、食品の栄養成分表示の「ナトリウム量」を「食塩相当量」に切り替えることが義務付けられたことも影響しているのだろう。超高齢社会、カロリーだけではなく塩分の取り過ぎに注意している人は多い。平成から顕著になったコンビニ食のカロリーオフ、糖質オフ、そして令和は塩分オフ。コンビニメニューは、技術革新を伴って、ますますヘルシーになっていくことは間違いない。

余談だが、外国人観光客の多い東京・浅草や銀座のセブンやローソンでは、弁当などでハラールフード（イスラム法上で食べることが許されている食物）を扱う店舗が目立ってきた。今後、コンビニメニューは、個店個店で違って当たり前の時代がやってくるのかもしれない。どうやら未来のコンビニの「食」の行方は、売り場を注視するしか手はないようだ。これだから、コンビニウォッチングはやめられない。

次世代コンビニ、開花間近

最後に、「コンビニそのもの」の未来も少し考えたい。本章の冒頭でふれたように、店の人手不足は深刻さを増している。全国6万店を視野に入れたコンビニ業界が成長基調であり続けるには、加盟店と力を合わせ、時代に応じた売り場づくりへと柔軟に動くことが急務だ。令和時代、売り場自体がダイナミックに変わっていくだろう。

各社とも24時間営業ではない店舗を容認してきたが、完全に「(24時間営業を)止める」判断はしていない。店舗での作業を省力化するイノベーションを打ち出し、ニーズがある地域でどうすれば店を開け続けられるかを探っている。中でもセブンは「人を減らすためではなく、接客などヒューマンタッチを手厚くするために店舗オペレーションの省力化を進めたい」と話す。

ローソンは19年8月には神奈川県で深夜省力化店舗の実験を始めた。また、18年に小売業で初めて「CEATEC JAPAN」に出展、ウォークスルー決済やデジタルコンシェルジュなどIoTを駆使した次世代コンビニを披露して話題を集めた。ロボットが店内調理する日も遠くない。

またセブンはNECと組み、ファミマはパナソニックと組んで、顔認証決済やAI接客といったイノベーティブな技術を生み出すなど、多彩な省力化店舗を実験中だ。

まだ目には見えないが、キャッシュレス決済がわっと世の中に浸透したように、セルフ

人手不足対策として、令和時代はコンビニにもセルフレジが普及するだろう

レジをはじめ、コンビニの売り場がいつ次世代型へとバージョンアップしても不思議じゃない。買い物を楽しむ売り場がストレスフリーになれば、従業員も消費者もハッピーだ。その心の余裕が、新しい「おいしい」の発見につながっていく。

半世紀のヒット商品スペシャル年表

	1973年	1974年	1975年
セブン-イレブン		東京都江東区に第1号店「豊洲店」を開店 	
ファミリーマート	実験第1号店として埼玉県狭山市に開店 		
ローソン			大阪府豊中市に1号店「桜塚店」を開店 

	セブン-イレブン	ファミリーマート	ローソン
1977年	おでん販売開始		
1978年	手巻おにぎり販売開始		
1979年			フライヤー導入、フライドフーズ販売開始
1980年			手巻きおにぎり販売開始
1981年	プルトップ缶		
1982年	調理麺初代 小割けそば販売開始	ファストフードやお弁当などのオリジナル商品を発売	「ほっと麺シリーズ」販売開始
1983年	手巻おにぎり シーチキンマヨネーズ販売開始 じゃがまるくん販売開始 ブリトー販売開始	お歳暮ギフトのカタログ販売を開始	
1984年		「元祖おにぎり忍法帳」 オリジナル鍋物シリーズ	
1986年			「からあげクン」販売開始
1989年	恵方巻販売開始	ファミリーマートブランド商品発売	

1990年		オリジナル惣菜シリーズ「チョイス」販売開始	
1993年	焼きたてパン販売開始		
1994年	大型アイスケースの導入	チルド調理パン販売開始 ファストフード用の新保温什器「ホッターズ」の導入	
1995年	「直巻おむすび」販売開始		直巻おにぎり販売開始
1996年	赤飯おこわおむすび販売開始	専用農場の卵「ファミリーマート・ファーム・エッグ」販売開始	
1997年			チルド寿司シリーズ販売開始
2000年	「有名店ラーメン店」シリーズ販売開始		生パスタ販売開始

	セブン-イレブン	ファミリーマート	ローソン
2001年	こだわりおむすび販売開始	骨付きフライドチキン販売開始	
2002年			新しいおにぎりブランド「おにぎり屋」開始
2003年	おにぎり革命		ベーカリーブランド「とっておき宣言」開始
2004年	チルド和菓子販売開始 冷蔵しても固くならないもちを開発。砂糖控えめのより本格的な和菓子に。	新製法のお弁当「包み仕立て弁当」販売開始 愛情むすび販売開始	ワンコインの弁当シリーズ「ごはん亭」開始
2005年	とろりん杏仁販売開始	オリジナルフライドチキンの累計販売本数1億本を突破	プライベートブランド「バリューライン」開始
2006年	カップレンジ麺販売開始	オリジナルスイーツブランド「Ｓｗｅｅｔｓ＋」オリジナル	からあげクン20周年ご当地からあげクン選挙実施

2007年	「セブンプレミアム」販売開始	ファストフードブランド「できたてファミマキッチン」、ファミチキ販売開始	
2008年	蒙古タンメン中本販売開始		
2009年	チルド弁当、チルド和菓子「七色茶屋」販売開始	チルド米飯の全国展開を開始	Lチキ、プレミアムロールケーキ、Lチキバンズ販売開始
2010年	おにぎり維新、セブンプレミアムゴールドシリーズ販売開始		贅沢新潟コシヒカリおにぎりシリーズ販売開始
2011年	口どけなめらか濃厚フロマージュ、塩むすび販売開始		カウンター淹れたてコーヒーMACHI café 販売開始、プレミアムロールケーキシリーズ累計販売数1億個突破、店内調理「まちかど厨房」開始
2012年	イタリア栗の焼き栗モンブラン販売開始	カウンターコーヒーの展開を開始	

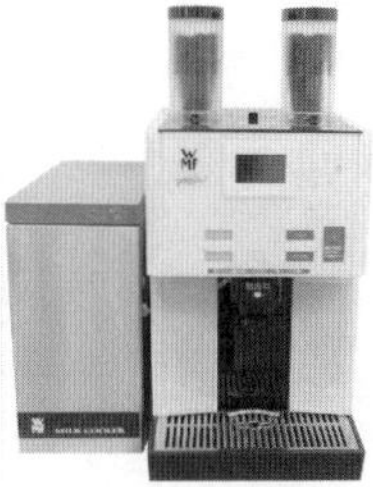

本格的な店内調理をスタート。

	セブン-イレブン	ファミリーマート	ローソン
2013年	セブンカフェ、セブンゴールド金の食パン、サラダチキン販売開始	「ファミマ プレミアムチキン」 〝ファミマプレミアムシリーズ〟	新和菓子シリーズ「あんこや」、ブランパン販売開始 ゲンコツメンチ、黄金チキン、フライドフーズ・ヘルシーオイルに全国一斉切り替え、健康宣言
2014年	金のおむすび販売開始	プライベートブランド「FamilyMart collection」より「津南の天然水」と「霧島の天然水」を発売 コンビニ界初の専用水源を買収。名水ブランディングに着手。 〝こだわりパン工房〟の「もちもちくるみパン」が2014くるみパン・オブ・ザ・イヤーのグランプリを受賞	NL菓子シリーズ、ゲンコツコロッケ、MACHI café シングルオリジン販売開始

2015年		カフェフラッペ販売開始	NLグリーンスムージー
2016年	ふわっとろ　くりぃむわらび（黒蜜入り）販売開始		MACHI café カフェインレスコーヒー、からあげクンまん 照り焼きチキン味発売
2017年	THEセブンシュー、さつまいもこ、セブンプレミアムフレッシュ販売開始 「熟成中華麺」シリーズ販売開始 「カラダへの想いこの手から」シリーズ開始	ファミチキ先輩発表 「ファミ横商店街」「ファミ横中華街」 炭火焼きとり販売開始 中華まん刷新 「お母さん食堂」展開を開始	でか焼鳥、MACHI café「ホットミルク」、GODIVAコラボ第1弾発売、15年ぶり「おにぎり屋」刷新
2018年	セブンプレミアムゴールド 金のワッフルコーンミルクバニラ、「うどん元年（冷しうどん）」販売開始		「〝もっと！野菜〟シリーズ」、からあげクンの小麦粉を100％国産に変更、「悪魔のおにぎり」売り上げトップに

	2019年	2020年
セブン-イレブン	セブンプレミアム　蒙古タンメン中本　辛旨焼そば 「大きな手巻おにぎり」	
ファミリーマート	ポケチキ販売開始	
ローソン	「悪魔のおにぎり」リニューアル、「悪魔の焼うどん」発売・「悪魔のパン」・「悪魔のトースト」販売 「バスチー」販売開始	

【参考文献】

『セブン‐イレブンおでん部会』吉岡秀子著（朝日新書）、２００７年
『セブン‐イレブン　金の法則』吉岡秀子著（朝日新書）、２０１８年
『vesta』2019 SPRING（公益財団法人　味の素食の文化センター）、２０１９年
『暮らしの年表／流行語　100年』（講談社編）、２０１１年
セブン‐イレブン、ファミリーマート、ローソン各社公式サイト

【著者】
吉岡秀子（よしおか ひでこ）
コンビニジャーナリスト。関西大学社会学部卒業。2000年代前半からコンビニの取材に携わり、ビジネスやライフ雑誌、ネットニュースなど多数のメディアでコンビニ情報を発信中。そのマニアぶりから、テレビ・ラジオ番組に出演し、コンビニのヒット商品について解説をすることも。著書に『セブン-イレブンおでん部会――ヒット商品開発の裏側』『セブン-イレブン 金の法則――ヒット商品は「ど真ん中」をねらえ』（ともに朝日新書）など多数。

平凡社新書929

コンビニ おいしい進化史
売れるトレンドのつくり方

発行日――2019年12月13日 初版第1刷

著者――吉岡秀子

発行者――下中美都

発行所――株式会社平凡社
東京都千代田区神田神保町3-29 〒101-0051
電話 東京（03）3230-6580［編集］
東京（03）3230-6573［営業］
振替 00180-0-29639

印刷・製本―図書印刷株式会社

装幀――菊地信義

ISBN978-4-582-85929-4
NDC分類番号673.86 新書判（17.2cm） 総ページ216
平凡社ホームページ https://www.heibonsha.co.jp/